庫斯克
史上最大的戰車戰
Images of Kursk:
History's Greatest Tank Battle, July 1943

尼克·康尼士 （Nik Cornish）◎著

夏鈞波◎譯

史坦因◎審校

軍事連線
Military Link

引言

一九四三年初，第6軍團在史達林格勒的覆沒對德軍來說是一場大災難。然而，曼斯坦憑藉著傑出的軍事才華重新奪回俄國南方的各個要地，使希特勒得以在東線戰場上策劃新的攻勢。

「我們只要在門檻上踢一腳，整座房屋就會倒塌下來。」

這是希特勒於一九四三年夏天入侵蘇聯前夕所發表的著名論斷，聽上去不祥並且空洞。

一九四一年六月二十二日清晨，德國及其同盟展開巴巴羅沙作戰（Operation Barbarossa），攻入蘇聯。當德軍戰車勢如破竹，縱橫於歐俄大草原時，成功似乎已是囊中之物。一九四一年底，列寧格勒（Leningrad）及塞巴斯托波爾（Sebastopol，蘇聯黑海艦隊

的基地）陷入德軍包圍，烏克蘭和波羅的海諸國統統淪陷，莫斯科岌岌可危。理論上，蘇聯陸軍和空軍的主力若非遭到殲滅，就是被俘、或者喪失了作戰能力。然而，理論與實際狀況往往相去甚遠。德軍在夏季暢快淋漓的快速推進之際，完全忽視了己身缺乏冬季作戰準備，以及敵軍人員和裝備近乎源源不絕運往前線的情形。欠缺禦寒保暖衣物，又找不出幾條稱得上是道路的路徑可供返鄉，在俄國隆冬中作戰的恐

↑1943年2月初，受困於史達林格勒的軸心國部隊投降，鐵錘和鐮刀的蘇聯國旗飄揚在廢墟上空。從1942年11月紅軍包圍該城以來，大約有二十五萬德軍士兵陣亡或受俘。

←←一輛三號突擊砲，表面塗有防磁塗層（Zimmerit），並裝上了裝甲護裙。防磁塗層於1943年中期開始使用，目的在於防止磁性地雷吸附在戰車裝甲。它在裝甲表面形成一道絕緣層，使地雷無法吸附。

↑由於缺乏汽油，第6
軍團大多數機動車輛無
法移動，僅剩的汽油優
先提供戰車和救護車使
用。圖中的兩輛裝甲
車，一輛為裝有20公厘
機砲的Sd Kfz 222，
另一輛為八輪的Sd Kfz
232無線電通訊車，就
是因缺少汽油而被遺
棄。

怖，正是德國國防軍所面臨的報應。就如戰車天才古德林（Heinz Guderian）上將給妻子的信中所描述的，「這就是昧於現實的下場」。在德軍人員和裝備的實力大不如前之際，紅軍於一九四一年十二月對戰線延伸過長的德國中央集團軍發動了反攻。這年冬天，溫度低到了攝氏零下四十三度。蘇聯的反攻極其猛烈，中央集團軍面臨著全軍覆沒的危險。熟悉嚴寒環境並且裝備適應冬季戰爭武器的紅軍士兵，接連收復一個又一個陣地。

希特勒全然無視自莫斯科郊區撤軍的建議，他要求德軍將領堅守陣地，不到萬不得已不准撤退。他撤換了那些膽敢質疑命令的高階軍官，甚至於一九四一年十二月十七日親自接管東線部隊的指揮權。儘管中央集團軍的戰線全線告急，但他們邊打邊退，逃過了潰不成軍的

下場。面對列寧格勒的北方集團軍與戰線已延伸至黑海的南方集團軍，都被迫緊縮陣線進行守勢作戰。

儘管蘇聯軍隊來勢洶洶，他們並沒有達成將德軍趕到第聶伯河（River Dnieper）以西的目標。隨著春季融雪時分降臨，雙方都被迫中止作戰行動，並且趁這段空檔重整部隊。蘇聯在一九四一年的「閃擊戰」（Blitzkrieg）中受創甚鉅，但元氣未傷。因此德國及其同盟必須趕在一九四二年擊敗蘇聯，如果錯過此一時機，蘇聯的兵工廠——尤其是轉移到烏拉山（Ural Mountains）一帶的工廠產量將不斷上升，其生產力將超過軸心國。

蘇聯的反擊不僅挽救了莫斯科，也將希特勒一舉打垮蘇聯的幻想化為泡影。不過儘管德軍的人員和物資遭受了巨大的損失，它仍然

是一支不容小覷的部隊。德軍一九四二年夏季攻勢的目標，當然難與「巴巴羅沙」相比，但從領土和經濟上層面來看，仍然具有很大的野心。這次攻勢不再是從波羅的海至黑海全線進攻，完全投入這場作戰的只有南方集團軍。

藍色作戰（Operation Blau）

　　希特勒在一九四二年四月五日的「四十一號指令」中，描述了一九四二年夏季德軍計劃的總體目標。基本上，希特勒要求部隊清除頓河（River Don）地區及頓巴次（Donbass）工業區的俄軍部隊，奪下高加索（Caucasus）油田，並

佔領高加索山脈的山道，由此打通進入外高加索地區的道路。德軍料想，在高加索南部進行作戰將使中立的土耳其加入軸心國陣營。南方集團軍的整體攻勢代號爲「藍色作戰」，將在攻下塞巴斯托波爾及清除俄軍在頓內次河右岸的伊茲姆（Izyum）橋頭堡之後展開。實際上，南方集團軍將分爲兩個指揮部，B集團軍向北與中央集團軍會合，A集團軍則向黑海進攻。

　　行動劃分成幾個階段。第一和第二階段由正從庫斯克（Kursk）向弗洛奈士（Voronezh）前進的南方集團軍的北翼部隊沿頓河向下推進，與第6軍團會合並形成鉗形

↑史達林格勒的恐怖畫面：史達林格勒郊外堆放了大片軸心軍的屍體。很多屍體上的衣物已被平民扒去抵禦嚴寒。在遠處背景，一輛蘇聯製的卡車又運來了一車屍體。

↑朱可夫，1942年8月被任命為蘇聯國防部第一副部長及紅軍最高副統帥。他一手策劃並且指揮反攻，將德軍第6軍團圍困在史達林格勒。

↓提摩盛科，1940年5月擔任蘇聯元帥和國防部長。1942年五月，他在蘇聯南部發起奪回卡爾可夫的行動慘遭挫敗。由於史達林禁止部隊撤退，他損失了二十多萬士兵。

攻擊兩面包圍俄軍部隊，然後奪取伊茲姆橋頭堡。第三階段由南方集團軍的右翼部隊強行突破伏羅希洛夫格勒（Voroshilovgrad）一帶的頓內次河（River Donets）沿岸防禦，並沿頓河往上游與南方集團軍的其他部隊會合。到這時就正式劃分為AB兩個集團軍。第二個鉗形運動將包圍史達林格勒（Stalingrad），佔領這座城市或者至少瓦解它工業和通信中心的功能。史達林格勒位於伏爾加河（River Volga，又譯窩瓦河）畔，掌控著這條河的水上交通，是一個重要的工業中心，因此也是「四十一號指令」的主要目標。不過，佔領史達林格勒並非向高加索推進的必要條件。

　　第一階段行動展開的時間原本定於五月十八日。但是，五月十二日拂曉，南方集團軍司令波克（Fedor von Bock）元帥接到報告，其第6軍團在卡爾可夫（Kharkov）地區遭受攻擊。戰況很快就顯明這不是一次小規模行動，而是牽涉到蘇聯十幾個步兵師及數百輛戰車的兵力。紅軍的目標是蘇聯的第四大城卡爾可夫。德軍於五月十七日發起反攻，首先攻擊俄軍的左翼。指揮該地區紅軍部隊的提摩盛科（Timoshenko）元帥向上級請求撤退，放棄收復卡爾可夫，但史達林駁回了他的要求。結果，俄軍死傷二十萬，損失一千二百輛戰車及二千多門火砲。實際上，「藍色作戰」此刻已經在進行之中，因為德軍已於五月二十八日奪取伊茲姆橋頭堡，並在頓內次河左岸建立據點。接下來一星期，德軍對塞巴斯托波爾展開最後衝刺，七月四日成功攻下該地。在佔領塞巴斯托波爾之後，第11軍團也因此可抽調出來加入「藍色作戰」。

　　從庫斯克到克里米亞（Crimea），德軍及其同盟聚集了大約七十三個師，包括九個裝甲師和七個摩托化師（其中兩個為黨衛軍〔Waffen-SS〕），其中有二十六個師為同盟國部隊，主要來自於羅馬尼亞和義大利。儘管瑞

士的間諜在四月時已提出警告，並且六月二十日（德軍發起攻擊前八天）在俄軍防線內的德軍墜機中發現了德軍行動計劃，史達林仍然拒絕相信軸心軍即將在此地發動攻勢。他堅信敵軍的主要目標是莫斯科，南方的任何行動都不過是佯攻。

六月二十八日，B集團軍以二十三個師，其中包括三個裝甲師和兩個摩托化師，攻向奧勒爾（Orel）以南一條長達一百四十公里（九十英里）的戰線。兩天之後，包拉斯（Paulus）上將的第6軍團投入了十八個師，其中包括兩個裝甲師及一個摩托化師，將戰線又延長八十公里（五十英里）。在

七月第一個星期結束前，北部的鉗形包圍已經在弗洛奈士形成，困住了大約三萬名俄軍部隊。

七月七日，提摩盛科下令西南方面軍（South Western Front）撤退，因為第6軍團的威脅已經顯而易見。因此當A集團軍於兩天後發動攻擊時，他們只遇到了正在渡過頓河的敵軍斷後部隊。在包拉斯向羅索希（Rossosh）推進的同時，A集團軍開始執行其在「藍色作戰」中所肩負的任務。七月十二日，德軍整個陣線快速推進，企圖包圍後退的俄軍。七月十七日，伏羅希洛夫格勒淪陷，史達林准許南部方面軍（South Front）司令發佈撤退命令。在此節骨眼上，希特勒

↑一輛德軍戰車停在一個燃燒的蘇聯村莊附近。1942年，德軍展開夏季攻勢，行動代號為「藍色作戰」。起初，閃擊戰再次展現威力。例如，第1裝甲軍團至6月28日就已從起攻擊發起線推進了400公里（250英里），並於7月23日佔領羅斯托夫。

↑威廉·李斯特元帥，「藍色作戰」中A集團軍的指揮官。希特勒因為A集團軍進攻速度緩慢而解除了他的職務。事實上，A集團軍進展緩慢是由於步兵師過度疲勞及機動車輛損失過多，而非指揮不力。

月二十三日，羅斯托夫（Rostov）落入德軍之手，但未如德軍期望那樣俘獲大批俄軍部隊。紅軍正打算以空間換取時間，而德軍踏入了頓河岸上無邊無際的大草原，自此第6軍團就走上了不歸路。七月二十三日，希特勒從烏克蘭西部城市文尼察（Vinnista）的前進指揮所發佈了「四十五號指令」。他要求A集團軍向高加索前進，而B集團軍繼續朝史達林格勒進軍，沿頓河和伏爾加河河岸包抄該城的北方和南方。希特勒企圖以此同時奪下兩個目標，並希望日本及土耳其會因此向蘇聯宣戰。令德軍將領更加頭疼的是，希特勒將南方集團軍的幾支精英部隊抽調了出去，其中包括黨衛軍「骷髏」師（Totenkopf）、「希特勒近衛」師（Leibstandarte）、第9和第11裝甲師，以及剛剛升級的「大德意志」（Grossdeutschland）裝甲擲彈兵師。第11軍團的主力被分散在東線戰場，但南方集團軍也獲得了十支同盟師（儘管大多數只能擔當駐防的任務）做為補償。德軍的快速推進，使得車輛所急需的燃料需要花費較長的時間才能運送到前線，是以包拉斯在八月二十一日之前無法擴大其八月四日在卡拉克（Kalach）取得的戰果。

根據包拉斯八月十九日的命令，史達林格勒的南部和中部由第51軍負責，而北部區域則分配給了第14軍。但是，第一場巷戰就顯示了史達林格勒已經過精心設防，抵抗的強度和決心皆超出德軍所料。

再次干預。第40軍被抽離進攻史達林格勒的行列，這一帶就只剩下第6軍團獨自執行任務，而原先這項任務是分派給兩個集團軍的。由於補給因素，包拉斯被迫停滯不前，蘇聯贏得珍貴的時間，馬不停蹄地對其新組建的史達林格勒方面軍進行部署。

進攻史達林格勒

七月十五日，南方集團軍佔領米列羅沃（Millerovo），通往史達林格勒的征途已經過半。七

↑ 蘇聯步兵討厭戴鋼盔，認為那是懦弱的表現。他們比較喜歡戴船形帽（pilotka）。這一支分隊正匍匐穿越一座工廠的廢墟，悄悄摸向德軍陣地。這樣的工廠廢墟在史達林格勒到處都是。這些士兵都裝備著PPSh衝鋒鎗，這是一種近距離戰鬥的理想武器。

↓ 德蘇兩軍激烈爭奪史達林格勒，在城市中引發了大火。崔可夫中將指揮的守軍第62軍團在1942年10月中旬差點被趕進伏爾加河，但他們仍設法穩住了陣腳。

↑圖中為37公厘防空砲的砲兵組員，他們可能隸屬第9防砲師，在俄軍快速推進並於1月22日清晨佔領古姆拉克（Gumrak）機場時被擊斃。圖中可清楚看到他們的禦寒衣物簡陋不堪。

在繼續向高加索推進的同時，浮現了一個比補給問題更加嚴重的問題，那就是人員的疲憊和車輛的磨損。出於宣傳目的，一小支德軍山地部隊於八月二十一日將一面「卐」旗插於高加索山脈的厄爾布魯士山（Mount Elbrus）山頂，它是歐洲的最高山峰之一。希特勒對德軍的推進速度極為不滿，惱怒之下解除了李斯特（List）元帥的A集團軍司令職務，由自己親自指揮。進軍的情形並未因此而有所改善，而冬季卻即將降臨。在史達林格勒，戰鬥已經呈現出消耗戰的所有特徵，雙方都投入大量的人員和裝備以爭奪優勢。第6軍團踏著滿地屍體緩慢向伏爾加河岸推進。九月二十日，德軍步兵推進至伏爾加

河岸，但無法取得一塊立足之地。紅軍發現，只要他們和德軍部隊緊緊糾纏在一起，不留下任何明顯的目標，就可使德軍的空軍與火砲優勢全無用武之處。李希霍芬（Richthofen）麾下的第4航空軍團所投擲的炸彈，不過是製造了大片的瓦礫地帶，使德軍步兵更加寸步難行。一般的裝甲車輛在這種地形條件下行動緩慢，幾乎已與廢鐵無異，往往淪為俄軍步兵的汽油彈、手榴彈及戰防槍的理想攻擊目標。為了支援第6軍團作戰，五個營的戰鬥工兵空降至前線。儘管他們的專業確實可以派上用場，但重大的傷亡率使得他們編制縮減為一個營。蘇聯的增援部隊通常是趁著黑夜輸送至史達林格勒。但是，至十

一月中旬，崔可夫（Chuikov）中將指揮的史達林格勒守軍第62軍團的一部分單位，已經被趕至離伏爾加河不到兩百公尺（二百二十碼）的地方。看來包拉斯只要再一擊，就可以取得勝利。

　　十一月十五日時，B集團軍理論上擁有七十六個師，但其中三十六個爲同盟國（羅馬尼亞和義大利）部隊。這些部隊裝備簡陋，缺乏反戰車武器。根據「四十一號指令」，他們被部署在第6軍團兩翼。不幸的是，這些部隊擔任的重大責任與他們的簡陋裝備根本無法匹配。正當史達林格勒地區血腥戰事持續進行，天氣逐漸惡化，俄軍開始集聚力量準備反擊，意圖圍困第6軍團。

　　紅軍反攻的代號爲「天王星作戰」（Operation Uranus），由朱可夫（G.K. Zhukov）元帥指揮。它的目標非常簡單，就是以一個巨大的鉗形運動包圍整個軸心國部隊。第一支鉗是西南方面軍和頓河方面軍，於十一月十九日在史達林格勒北方發起。第二支鉗是由艾門柯（Eremenko）上將的史達林格勒方面軍，於十一月二十日在南方發起進攻。

　　北方那支鉗擊打在羅馬尼亞第3軍團上，他們瞬時潰不成軍，蘇聯的騎兵軍紛紛從這一缺口中湧入。第二天，南方之鉗的攻擊也取得了類似的突破口。隔天，艾門柯的騎兵切斷了新羅西斯克（Novorossisk）至史達林格勒間的鐵路線。紅軍的行動是如此之快，十一月二十三日清晨，兩支鉗

↑俄羅斯戰場的恐佈寒冬，在這張1942年12月的驚人照片中顯露無遺，一支番號不明的紅軍砲兵部隊正前往史達林格勒包圍圈。圖中拖曳的是76公厘 ZiS-3火砲，它在1942年投入部隊成爲蘇聯師屬火砲。坐在冷冰冰金屬砲身上的砲兵神態輕鬆，說明他們身上的衣物足以抵禦蘇聯冬季的酷寒。

↑圖中為一輛T-43/76 1943年型戰車，所屬部隊不明。它正在向一隊德軍車隊開火，圖中背景遠處還能依稀可見那些車輛。車身上匆忙刷上的白色偽裝漆很明顯開始脫落。嚴冬的大草原視野開闊，提供了戰車戰的最佳地理環境。

→→圖為一輛義大利的L6/40輕型戰車。在「土星作戰」時，頓河戰場上的義大利第8軍團配備有五十五輛這型戰車。輕型的裝甲以及47公厘主砲在大批T-34/76戰車面前根本不堪一擊，它們跨過凍結的頓河蜂擁而來。

已在蘇維特斯基（Sovietskiy）村會合。包拉斯和他的部隊全部被包圍。當日下午，希特勒命令包拉斯「採取『刺蝟』陣形，等待援救。」十一月二十三日晚，包拉斯請求上級批准他突圍，他認為「敵軍在西方及西南方尚未成功形成合圍，但進攻意圖正變得越來越明顯。」

德軍空軍統帥赫曼・戈林（Hermann Göring）宣稱，第6軍團每日所需的七百一十一公噸（七百英噸）物資中，有五百零八公噸（五百英噸）可以空投運送。希特勒對此深信不疑，因此儘管多名高階將領強烈反對，仍然堅持己見，下令包拉斯堅守陣地。包拉斯在和

參謀人員討論之後，命令部下構築防禦工事，於是史達林格勒包圍圈就此形成，從城市至其最西邊大約有四十五公里（三十七英里）、從北至南大約三十公里（二十五英里）。包圍圈之內約有二十五萬軸心國部隊。

為了應對此危機，希特勒組建了頓河集團軍（Army Group Don），由曼斯坦元帥指揮，主要任務是突破俄軍防線解救第6軍團。十二月十二日，曼斯坦開始進攻，但其前鋒也只到達距離史達林格勒五十五公里（四十英里）之處。為了避免被包圍，頓河集團軍於聖誕節前夕開始撤退。

十二月十六日，俄軍開始進一

↑紅軍仰賴騎兵在蘇聯南方空曠遼闊的大草原進行偵察。圖中兩名紅軍士兵正用望遠鏡搜索企圖突破史達林格勒包圍圈的小隊德軍人馬。蘇聯的馬匹擁有持久的耐力和惡劣環境下生存的卓越能力，因此聲名遠播。

步的攻勢，這次的目標是義大利第8軍團和羅馬尼亞第5軍團的殘餘部隊。僅僅在四十八小時之內，軸心軍的前線崩潰，紅軍從突破的缺口中湧入，最大限度地擴大戰果。更致命的是，由於前線機場的損失，德國空軍向第6軍團運送補給品的能力大打折扣。每架運輸機的來回航程增加至大約四百八十公里（三百英里），而所經之處還需面對逐漸強化的敵軍防空武器。第6軍團的噩運已定，他們所能做的只是盡可能吸住俄軍的注意力，以

使高加索山脈那頭的軸心國部隊有時間撤退，因為俄軍正打算繼續往西深入。在放棄克拉斯諾達爾（Krasnodar）之後，克萊斯特（Kleist）元帥的A集團軍退至位於克里米亞對面的塔曼（Taman）半島，期待著日後再次實現征服高加索山脈的野心。

　　朱可夫下了最後通牒，要求包拉斯投降，但後者沒有接受。一月二十二日，紅軍展開最後的攻勢。在惡劣的天氣及俄軍的步步進逼下，包圍圈越來越小。在此之前還

沒有一個德軍元帥成為敵方的階下囚，為了不讓包拉斯投降，希特勒將包拉斯升為陸軍元帥（譯註：希特勒想逼他自殺）。但希特勒並未如願，就在那一天，也就是一月三十一日，包拉斯被俘。兩天後，城中的最後幾支德國部隊投降。在史達林格勒西方，曼斯坦於二月十四日被迫放棄羅斯托夫，絕望地想在米亞斯河（River Mius）沿岸一線立起防線。

　　現在，輪到俄軍的補給線拉伸過長。在勝利的陶醉下，他們於一月二十九日發起了「奔馳作戰」（Operation Gallop），由波卜夫（M.M. Popov）將軍指揮。「奔馳作戰」是一次大規模的突襲行動，由幾支戰車部隊分別朝不同方向行進，目標是擴大自身在軸心國防線後方的地盤並製造混亂，使敵軍首尾失顧。憑著手中僅有的一點裝甲部隊，曼斯坦成功地將波卜夫的主力部隊擊退，並在一九四三年二月的最後幾天摧毀了另一支戰車

↑廣泛散佈在史達林格勒周圍的一些蘇聯防空連。希特勒之所以不准第6軍團撤退的一個原因，是戈林保證德國空軍有能力為受圍的部隊投送補給物資，但遺憾的是戈林的估算錯得相當離譜。

→ 頭戴毛氈帽（ushanka），身穿羊毛外套，手上戴著軟毛連指手套，這位紅軍飛行員正在檢查其飛機主戰武器——兩門23公厘加農砲——的彈藥。這架飛機就是鼎鼎大名的Il-2對地攻擊機。奇怪的是，儘管此時地面都被大雪覆蓋，這架飛機並沒換上冬季塗裝。

↓一隊德國及羅馬尼亞的混合戰俘。德軍減少了羅馬尼亞部隊的配給量，以便給自己的部隊提供更多的補給品。從這張照片中可以明顯看出，除了毛帽外，他們缺少禦寒的衣物，以及他們麻木的神情。

部隊，這支戰車部隊幾乎抵達扎波羅結（Zaporozhye）旁的第聶伯河，直接威脅到曼斯坦的司令部所在地。

二月二日，俄軍展開第二個即興發揮的攻勢——「恆星作戰」（Operation Star），目標是貝爾哥羅（Belgorod）、庫斯克和卡爾可夫。在史達林格勒的德軍投降之後，這裡的六個蘇聯軍團終於釋出，可轉用於其他地區的作戰。這些部隊將重新部署在一個頗具企圖心的計畫中，紅軍打算包圍奧勒爾城內與周遭的德軍。俄軍設想，在這計劃獲得成功之後，下一個目標將是與其他紅軍部隊在一次鉗形攻擊中會合，包圍斯摩稜斯克（Smolensk）與布里安斯克

←挫敗的神情。在史達林格勒戰役大敗後，包拉斯元帥向勝利的紅軍投降當天所攝的照片。包拉斯當時正為憂鬱症和腹瀉所苦。在他被俘當天，即1943年1月31日，他從上將升為元帥。他向審訊的蘇聯軍官致歉，當時的情勢使他無法換上符合身分的制服。

↓伏擊！兩輛T-36/76戰車躲在房屋內，準備伏擊任何在史達林格勒戰役後不小心進入這座小村莊的德軍戰車。這兩輛戰車用於偽裝的白石灰已經開始脫落。圖中掛在砲塔上的是蘇聯的標準步槍——7.62公厘的莫辛納干（Mosin-Nagant）。車身上的無線電天線表明這可能是一輛指揮官座車。

↑對於許多德國士兵來說，他們首次看到的伏爾加河，是淪為戰俘後所渡過的凍結河面。這一年的年底，德軍戰俘奉派打撈德國空軍所擊沉的船隻。俘虜成功逃跑的機會微乎其微，這一點從看守的衛兵人數就可以看得出來。

↑步戰搭載部隊正展開行動。身穿厚重防雪衣的士兵毫不畏懼殘酷的冬季作戰環境，他們的服裝完全融入冰雪地形，令人難以分辨。步戰搭載部隊先乘坐戰車進入戰場，至距離足夠近時跳下戰車與敵交戰，或者佔領敵軍放棄的陣地。

（Briansk）之間的德軍。所有這些行動的最終目的是在三月中旬之前抵達第聶伯河，消滅頓河集團軍的殘餘部隊及南方集團軍最南邊的部隊。

在史達林格勒作戰的部隊將組成中部方面軍，並將由羅柯索夫斯基（K.K. Rokossovsky）上將擔任指揮官。但是，僅靠一條鐵路跨越二百公里（一百五十英里）的距離來運送人員和裝備頗為耗費時間，

因此羅柯索夫斯基推遲到二月二十五日才加入俄軍的攻勢。布里安斯克方面軍與西部方面軍在羅柯索夫斯基抵達之前就已發動攻擊，並遭遇到頑強的抵抗。羅柯索夫斯基在抵達之後實施各個擊破戰術，於二月二十五日突破德軍防線，並由第11戰車軍擴大突破口。第11戰車軍在騎兵和游擊隊的幫助下，突入德軍後方二百公里（一百二十五英里），於三月七日抵達德斯納河

（River Desna）。此時羅柯索夫斯基的部隊已分散在少數幾條可用的道路上，成為德軍在南方蓄勢待發的反攻的絕佳標靶。

曼斯坦認為採用機動防禦可以擋下並擊退紅軍，但這種做法必須允許俄軍進一步推進，直至他們的補給線過長，然後德軍再從準備好的防禦陣地實施反攻。這種策略不可避免地要放棄某些已佔領的土地，這是希特勒所無法容忍的。然

而，曼斯坦很有信心希特勒會接受他的想法。二月六日，二人會面談及此事，希特勒極不情願地允許曼斯坦退至米亞斯河一線。如今曼斯坦可以放手去做，在西頓巴次地區積聚力量準備反攻。德軍的部隊，包括黨衛裝甲軍——「希特勒近衛」、「帝國」、「骷髏」三個裝甲擲彈兵師，從一月初開始就陸續從西線調至東線戰場。黨衛裝甲軍將用來掩護頓內次河以東的軸心國

↑這些蘇聯騎兵正經過一輛被丟棄的德軍35/36式37公厘戰防砲，他們隸屬第7近衛騎兵軍。在朝頓內次河快速而混亂追擊軸心國部隊時，第7近衛騎兵軍與其他部隊失散，並在1943年2月受到黨衛軍裝甲軍團攻擊而遭受重創。

部隊撤退，而後依次退到指定的位置進行休整，為曼斯坦的反攻做準備。

在這種戰況不斷改變的情況下，德軍形成了一個臨時的作戰群組，囊括了所有可以利用的部隊來挺住俄軍的推進。在紅軍指揮官看來，軸心國部隊的移動是從東烏克蘭全線撤退的前奏。沒有任何跡象顯示出曼斯坦正條理分明地重組他的裝甲部隊。二月中旬，紅軍已經兵臨卡爾可夫城下，希特勒再次下令死守，不准黨衛裝甲軍放棄這座城市。這支黨衛裝甲軍的軍長，黨衛軍二級上將（SS-Obergruppenführer）保羅・豪賽爾（Paul Hausser）認為他必須違反元首的命令，撤退以挽救他的部下及裝備。二月十五日，卡爾可夫落入俄軍之手，而黨衛裝甲軍在克拉斯諾格勒（Krasnograd）進行了整編。

在希特勒的同意下，曼斯坦繼續整編各部隊，為反攻做準備。根據他的計劃，這場反攻由三個明確的階段所組成：

一、黨衛裝甲軍在克拉斯諾格勒附近進行整編、第40和第57裝甲軍在克拉斯諾米斯科伊（Krasnomeyskoye）一帶整編、第48裝甲軍在扎波羅結附近整編，然後一起進攻俄國西南方面軍的右翼，將其擊退至北方的頓內次河。

二、然後他們在卡爾可夫西南方再次整編，攻向弗洛奈士方面軍，將其擊退至頓內次河北部對岸，並重新佔領卡爾可夫及貝爾哥

↑圖為卡爾可夫城紅場（Red Square）。身為烏克蘭第二大城及蘇聯第四大城，它的解放無疑是蘇聯紅軍的一支強心劑。但是，曼斯坦卓越的反攻不僅在3月重新佔領該城，也意味著德軍又重新獲得頓內次－米亞斯一線。

↓1943年2月15日，蘇聯解放卡爾可夫。俄軍奪回這座城市僅僅維持了一個月。圖中，兩輛T-34/76戰車開過市中心的紅場。德軍迅速撤離，因此城市的建築物未遭到重大破壞。房屋的樣貌是當時典型的蘇聯風格。

← 1943年3月，卡爾可
夫城外郊區一輛裝有長
倍徑75公厘砲的三號突
擊砲。這台砲車隸屬於
豪賽爾將軍麾下的黨衛
裝甲軍。3月10日時，
這支裝甲部隊已抵達卡
爾可夫東方，隨時準備
殺進城去。

↓ 黨衛軍進入卡爾可
夫：步兵和一輛「希特
勒近衛」裝甲師的三號
戰車正開過郊區。1943
年2月，黨衛軍部隊被
迫放棄該城，但一個月
之後，他們又打了回
來，並對紅軍展開血腥
的報復。

↑曼斯坦元帥，德軍最優秀的將領之一。他對於運動戰的精湛運用於1943年初挽救了南方的情勢，由於希特勒不願意放棄已佔領的土地，1944年時他被撤換。

亞（Scandinavian）人及西歐志願者組成、以及軍團中的四個步兵師。

曼斯坦於三月六日指揮其黨衛裝甲軍向卡爾可夫發起進攻。俄軍領導層並沒有意識到形勢的危急。羅柯索夫斯基的兩支部隊（第62軍團及第64軍團）被派去加強弗洛奈士方面軍及西南方面軍各自在卡爾可夫地區及頓內次沿岸的防禦。羅柯索夫斯基又得到新的命令，縮小原本打算在布里安斯克的包圍圈。蘇聯的攻擊於三月七日開始，與此同時，德軍的第2軍團向德斯納河展開攻擊。三月十五日，黨衛軍佔領卡爾可夫，三月十七日，第4裝甲軍團和第2軍團朝貝爾哥羅推進。三月底，弗洛奈士方面軍已被趕回至頓內次河東岸。

曼斯坦的總攻擊

三月十四日，史達林對於南方的形勢惡化感到憂心忡忡，於是將時任紅軍最高副統帥的朱可夫元帥召至莫斯科商議。朱可夫被派往弗洛奈士方面軍的總部，對局勢進行評估。在寫給史達林的報告中，朱可夫對於當前的惡劣形勢直言不諱。

「我們必須立即調遣參謀本部（STAVKA，類似於參謀長聯席會議的組織）所有可動用的預備隊以及鄰近方面軍的預備隊，如果我們不這麼做，德軍將奪下貝爾哥羅，並且攻向庫斯克。」

幾小時內，第21軍團和第64軍團就開始朝貝爾哥羅移動，但仍舊

羅。

三、攻勢朝庫斯克方向繼續進行，並得到來自於中央集團軍的第2裝甲軍團的策應，這支部隊將從奧勒爾地區向南進攻，並與曼斯坦北上的部隊會合。

這場反攻將在第4裝甲軍團的參謀人員指揮下進行。參戰部隊組成包括七個裝甲師、第5黨衛摩托化步兵師「維京」（Wiking）——主要由斯堪地納維

為時已晚，他們來不及阻止這座城市失陷。貝爾哥羅於三月十八日淪陷，證實了朱可夫的預言。第21軍團和第64軍團便在貝爾哥羅東方建立了堅固的防禦陣地。蘇聯調遣兵力的速度之快，阻撓了曼斯坦的目標之一：進軍庫斯克。

曼斯坦並不滿意，雖然在卡爾可夫—庫斯克—奧勒爾地區他已經喪失先機，他並沒有動搖繼續進攻的信心。儘管他的人員和裝備已經幾近極限，他仍然試圖說服中央集團軍司令——克魯格（Günther von Kluge）元帥，配合他攻向新形成的庫斯克突出部中的羅柯索夫斯基部隊。克魯格認為自己的部下目前的狀態無法參與更多的戰事，因此

表示拒絕。事實上，中央集團軍正在執行自己的作戰行動，即從莫斯科對面的勒熱夫（Rzhev）突出部後撤，這樣可以減少大約三百公里（二百英里）的補給線。幾個月來這區域一直受到朱可夫的高度重視，他已經制訂一個作戰計劃，代號「火星」。朱可夫希望這個行動可以與「天王星作戰」（包圍史達林格勒）相媲美。「火星作戰」於一九四二年十一月二十五日展開。但是，中央集團軍的情況比南方集團軍要好得多，因此「火星作戰」以失敗告終，紅軍損失三十萬人及一千四百輛戰車。在蘇聯防線這頭，由於俄軍部隊向南轉移，紅軍參謀本部除了純粹在當地的行動以

↑1943年春天，一輛T-34/76戰車正全速穿越田野，它身上的白石灰偽裝已經所剩無幾。為了增加車程，T-34戰車經常外掛額外的油箱。砲塔上的扶桿是供戰車搭載人員使用的。這些部隊的傷亡率一直很高，他們與所搭乘的戰車的駕駛關係尤其密切。

1943年春天，隨著冰雪開始融解，地形條件迅速惡化。冰凍地面的融化，甚至令紅軍寬履帶的T-34/76及KV-1也都舉步維艱。T-34的履帶寬達478公厘（19英寸），這使它們在與對手交鋒時具有極大的優勢。

↑泥濘季節，對於紅軍和德軍都造成了極大的不便。德國陸軍及紅軍都大量仰賴馬匹運輸，農夫的四輪貨馬車由於比較適用於當地的地形條件而廣泛使用。

外，取消了所有進一步的攻勢，於是羅柯索夫斯基失去了向奧勒爾進攻的機會。

四月冰雪開始融化，雙方都暫時休整，考慮下一步的行動。軸心國部隊幾乎又回到了「藍色作戰」展開前所佔據的地區，但俄軍證明了自己有能力使曾經所向披靡的德國陸軍遭受空前的慘敗。這些因素混合在一起，預示著夏季的戰事將更加激烈。正當雙方部隊好不容易有了喘息空間，兩邊的指揮官卻已開始制訂新的計劃。紅軍參謀本部及德國陸軍總部（OKH, Oberkommando des Heeres，負責東線戰場）都體認到一九四三年的夏季戰役具有決定性。德軍尤其在乎這點：德國必須在東線戰場掌握

較大的主動權，以便維持納粹政權對於歐洲那些中立國的影響力。

史達林格勒的挫敗，使德國與葡萄牙的鎢和土耳其的鉻失之交臂，這兩種元素都是生產彈藥的重要原料，因此在希特勒的戰略考量中佔有重要位置（在他的軍事時程表中，總將取得這類原料列為高度優先）。此外，之前一直採取「善意中立」的瑞典——德國的重要鐵礦供應者——如今也開始採取不大順從的立場。希特勒確實相當重視瑞典的原料供應問題，還因此派遣了增援部隊至挪威，以便必要時佔領瑞典。希特勒原本希望土耳其能夠經由高加索山脈入侵蘇聯，但在史達林格勒戰役之後，儘管德國恢復了元氣，這種事很明顯的不可能

會實現。德國的夥伴在東線戰場的支持也變得三心二意。義大利人對於德國獲取勝利的信心，以及墨索里尼對希特勒的信任都大打折扣。芬蘭與德國結成戰時同盟並非出於自願，而是形勢所逼，因此更需要和平，此時它對這點已毫不掩飾。羅馬尼亞在史達林格勒戰役中負責防守德軍兩翼，在俄軍攻擊下遭受了巨大損失，它要求留在蘇聯的剩餘部隊撤出前線。匈牙利部隊也不像以前那般聽話，他們的角色只局限在保障後方的安全。最後，日本現在也不大可能毀棄與史達林的互不侵犯條約而入侵蘇聯的遠東省份及西伯利亞。因此，懷著一種日漸滋長的緊迫感，德國陸軍總部開始制訂夏季的作戰計劃。

早在三月十三日，德國陸總部就發佈了「第五號作戰命令」。為了保密，這份命令只有五份副本流通。這道命令的前面幾段章節，要求未參與攻勢行動的德軍部隊沿著戰線構築穩固的防線，在遇敵來襲

↓圖為1943年初在蘇聯南方戰場中受傷的德軍傷兵。史達林格勒的大敗及後來的戰局，耗去了軸心國在東線的五個軍團，其中德國第6軍團更是全軍覆沒。另外，紅軍正變得越來越有戰鬥力，紅軍將領也比1941年時更能幹。

↑希特勒及墨索里尼在軸心國結盟時，較為快樂的時光。史達林格勒戰役動搖了這位義大利獨裁者對德國的信心。希特勒極需在東線戰場取得一場勝利來打消墨索里尼及其他盟友的疑慮。

時，要「讓他們有來無回，死無葬身之地。」

這一文件的第一部分談的是庫班（Kuban）橋頭堡和克里米亞地區，這些地區仍然採取守勢。第四部分要求列寧格勒一帶的戰線須做好防禦準備。文件中的第二至第四部分特別值得一提：

二、南方集團軍

立即在南方集團軍的北翼組織一支強大的裝甲軍團，最遲不得晚於四月中旬。在冰雪融化時期結束、俄軍進攻前，它必須組建完畢，隨時準備投入作戰。此次進攻

從卡爾可夫地區出發，聯合第2裝甲軍團的一支攻擊部隊，目標是消滅第2軍團前方的敵軍。

三、中央集團軍

首先，第2軍團與第2裝甲軍團之間的敵軍必須予以肅清；接著整頓防禦陣地並按計劃裝備反戰車武器。這一點在基洛夫（Kirov）地區、斯摩稜斯克的北部和西北部地區以及威利奇盧基（Velikie Luki）尤為重要。然後組建一支進攻部隊，與南方集團軍的北翼部隊展開聯合進攻，這支部隊由「水牛作戰」（Beuffel bewegung，從勒熱夫突出部撤退的行動）退下的部隊

中抽調。

四、北方集團軍

由於北方集團軍所在區域在夏季的前半段時間沒有重大的進攻計劃，因此該集團軍的主要任務是實施防禦⋯⋯

對於夏季的後半段時間（從七月初開始），已為該集團軍制訂了一個針對列寧格勒的行動。

從這項命令可以清楚知道，庫斯克突出部將成為戰車領頭的鉗形攻勢的目標。德軍曾考慮在三月下旬開展作戰，將紅軍趕出頓內次河工業區域及卡爾可夫西南部，但最終還是更青睞「衛城作戰」（Operation Citadel，德國稱作Fall Zitadelle）。

四月十五日，「第六號作戰命令」（Operation Order 6）發佈，這次的拷貝份數限制在十三份（這數字恐怕是不吉利的預兆）。這份命令的開頭說，「我已決定，一旦天氣允許，立即執行『衛城作戰』，這是今年的第一場攻勢。」「衛城作戰」的目的，在一份標好編號的目標詳細列表中有著明確的定義：

一、本作戰的目標，是藉由幾個突擊軍團快速而集中的攻擊，包圍並消滅庫斯克地區的敵軍部隊。這幾支軍團從貝爾哥羅地區及奧勒爾南方出發，以集中攻擊的方式將對方殲滅。在這場攻勢期間，將會打造出一道較短也較節省兵力的新防線。

二、我們必須確保：

a. 做好奇襲的保密措施，使敵軍無法得知攻擊發起時間。

b. 攻擊部隊將集中運用在一條狹窄的軸線上，以便所有攻擊手段都能獲得局部的壓倒性優勢⋯⋯兩支突擊軍團之間，以及進行合圍時，都須確定兩軍間沒有縫隙。

c. 負責突破敵軍陣地的部隊之側翼，交由緊隨其後的縱深梯隊防護，如此一來，這些部隊只須專注於推進。

d. 迅速緊縮包圍圈，不給敵軍任何喘息之機，一舉將之殲滅。

e・攻擊必須迅速，使敵軍沒有機會突出包圍圈，或者投入其他方面軍的強大預備隊。

f. 各附屬單位——尤其是機動化部隊——在迅速立起新防線之後釋出。

三、南方集團軍將以一支強大的部隊，從貝爾哥羅－托馬羅夫卡（Tomarovka）一線出發，突破普里勒略（Prilery）－奧波揚（Oboyan）一線，然後在庫斯克以東與中央集團軍的進攻部隊會合。

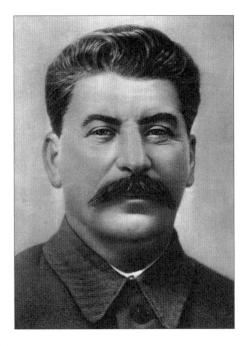

↑蘇聯獨裁者約瑟夫・史達林。他雖然冷血殘忍，至少偶爾還會聽聽部下的意見。比如，在庫斯克會戰之前，他就贊同范屠亭（N. F. Vatutin）將軍的觀點，藉由在突出部的一連串防禦性戰鬥，消耗掉德軍的戰鬥力。

↓1943年初戰鬥過後，雙方軍隊都得到了修整和復原，新的士兵和裝甲車輛陸續開入。圖中，一輛英製邱吉爾三型戰車開過一輛塗有冬季偽裝的德軍Sd Kfz 232裝甲車殘骸。邱吉爾戰車在俄軍中並不受歡迎，因為與他們自己的戰車相比，不僅攻擊力不足，行動也較遲緩。

四、中央集團軍將自馬洛阿格爾斯克（Maloarkhangelsk）北方的特羅斯納（Trossna）一線發起集中進攻，主攻敵軍東翼，然後在庫斯克以東與南方集團軍的攻擊部隊會合……我軍必須盡早抵達蒂姆（Tim）─西齊格里〔Shchigry〕以東─索斯納（Sosna）一線。

五、攻擊最早發起日期為五月三日。

十二、此次作戰的最終目標為：

a. 南方集團軍和中央集團軍的戰鬥地境線向前推移至科諾托普（Konotop，南方集團軍）─庫斯克（南方集團軍）─多爾格（Dolgoe，中央集團軍）。

b. 將擁有三個軍和九個步兵師的第2軍團及其附屬部隊，從中央集團軍改隸南方集團軍。

c. 中央集團軍抽出三個步兵師，部署在庫斯克西北方地區，供陸軍總部調遣。

d. 使所有機動部隊可撤出第一線，轉供其他戰場使用。

計劃已定，德軍剩下來要做的只是增強兵力，尤其是戰車部隊的力量，為一場大戰做準備，這場即將到來的大戰將像夏天的巨雷一般轟響整個東線戰場。

第一章
重振旗鼓的德國陸軍

儘管在一九四一年的「巴巴羅沙作戰」中承受了損失，在一九四二年至四三年之間的史達林格勒又損兵折將，德國陸軍仍然有能力重新集結起兵力進行「衛城作戰」，並且投入一系列的新式武器系統。

　　一九三九年九月戰事爆發之初，德國軍事理論由「閃擊戰」這一概念主導。德軍在運用閃擊戰時，強調速度、火力以及機動性，尤其是以戰車、機動火砲和戰機重挫敵軍。攻擊部隊往往繞開嚴密設防的地區，保留突擊的衝擊能量，將力量集中使用在敵軍的後方，破壞他們的通訊和補給線。在達成目標之後，機動性較差的部隊──步

↑由於德軍對於新型的五號豹式戰車寄予厚望，未進行充分改進就匆匆投入庫斯克會戰。豹式戰車擁有傾斜的車身及砲塔護甲，是德軍與T-34戰車交手經驗的結晶。

↑1943年春天，庫斯克突出部邊緣的一輛德軍三號突擊砲。三號突擊砲當初是設計來支援步兵攻擊的裝甲自走砲，但後來被用於執行反戰車任務。

兵——隨即包圍、消滅被切割分散的殘餘抵抗。

經過一連串短暫、激烈的戰役中，波蘭、丹麥及挪威，最後是法國及低地國家，相繼在德軍的鐵騎下屈服。進攻南斯拉夫及希臘時也使用了類似的戰術，但規模不及前述幾個國家，因為當地地形並不適合戰車作戰。當然，這幾年下來德軍的人員及物資也遭受損失，但德國的軍工產業有能力彌補回來。在攻法戰役中，德軍的裝甲部隊在數量上不如敵軍，但藉由捷克38（t）戰車的補充以及優越的戰術，德國仍然大獲全勝。

「巴巴羅沙」作戰之初，德軍部署了十七個裝甲師，總數才剛超過三千輛戰車。這些戰車包括一號戰車（這型戰車比配有機槍的運輸車好不到哪裡，明顯過時）、二號戰車（僅安裝了一門二〇公厘機砲，同樣過時），以及三號及四號戰車，後面這兩型才是德軍在戰車戰中主要依賴的法寶。

出其不意的進攻、全面的空中優勢、靈活機動的戰術，再加上兩年的成功作戰經驗，德軍裝甲部隊能在一九四一年取得如此輝煌的戰績並不足為奇。但是，希特勒在早期之所以能取得這些勝利，不可或缺的一個要素是速度；被征服的這些國家都有明確的疆界，擁有高度發達的公路交通，鐵路規格與德國大同小異，這都幫助德軍的武器迅速從工廠運往前線。但德國及其同盟國試圖征服的蘇聯卻恰恰相反。

它的領土佔了整個地球的六分之一，而且交通網絡原始許多，距離德國的主要兵工廠也相當遙遠。再者，蘇聯的鐵軌規格又比大多數西歐國家要來得寬，要是某地只有那種可稱為貨運小徑、一遇天雨便化為泥濘的小道路，就會耽誤不少珍貴時間。

在歷經「巴巴羅沙」作戰前的那幾場作戰檢驗之後，德國決定停止生產一號戰車和二號戰車，只生產底盤，用於自走砲及專屬的反裝甲車輛。大多數三號戰車的三十七公厘主砲都升級至五〇公厘。四號重型戰車，則仍保留了其短砲膛的七十五公厘主砲。儘管在入侵蘇聯前的各場戰役中，這些武器對付敵軍綽綽有餘，但在一九四一年七月，它們首次遇到蘇聯的重裝甲T-34及KV-1戰車時，卻發現自己全然處於劣勢。一九四一年六月，紅軍將超過九百輛T-34及五百輛KV-1投入戰場，由於戰車乘員的經驗不足以及錯誤的戰術部署，這些戰車損失慘重。當它們得到正確運用之時，往往令軸心國部隊聞風喪膽，因為它們的裝甲厚重，軸心軍的反戰車武器都無法有效穿透，尤其是T-34傾斜的正面裝甲設計。能夠阻止它們的只有傳奇的八八公厘防砲，經由實戰驗證，德軍發現它是極為有效的戰車殺手。另外一種有效武器是七十五公厘的長砲管戰防砲，但當時它的數量非常有限。

一九四一年秋天，德軍意識到三號戰車及四號戰車需要進一步改良，否則面對俄軍戰車，即使是訓

↑1943年2月，古德林上將出任首任裝甲兵總監。在與斯皮爾緊密合作下，他使戰車的每月生產量暴增。他經常往來於戰車工廠及戰車試射場，對戰車的改良提出了很多寶貴的意見。

↓圖為軍備部長斯皮爾。他不僅負責軍需裝備的生產、運輸和分配，同時也負責原物料及工業生產。他依靠奴隸勞動力使德國的戰爭機器持續運轉下去。

練及經驗上的優勢也將被抵銷。這兩型戰車都加厚了裝甲，四號戰車還安裝了七十五公厘長管砲爲主砲；三號戰車由於砲塔太小，無法容納這款主砲。

這些措施對於改善戰車的質量有一定的效果，但這也只是阻止雙方的差距擴大罷了；更爲重要的一點是，德國必須生產足夠多的數量，才能在數字上與俄軍戰車匹敵。蘇聯戰車的產量比軸心國更大，儘管在一九四一年及四二年之

↓威力強大的虎式戰車於1942年8月投入生產。厚重的裝甲，又裝備了可怕的KwK 36 88公厘主砲，使它能夠在任何俄軍戰車射程外輕而易舉摧毀對方。但虎式戰車不僅造價昂貴，而且生產時間較長。

間因德軍的快速推進而中斷。戰車工廠藉由鐵路轉移到了烏拉山脈內部地區，儘管花費了難以估算的人力與物力，仍能夠以不可思議的速度完成重建並投入生產。一九四一年損失的四號戰車，至一九四二年四月時已經補充完畢，但戰車的總體數量從未有過實質的增長。產量不高的部分原因是希特勒不希望過度干擾德國人民的生活，尤其不願在軍工廠僱用德國婦女。但是，到了一九四二年的下半年，德國國防軍急缺人員及各類軍需品，只有一種方法才能緩解這個問題，那就是在歐洲被征服的國家招募「志願」工人。起初，這項工作出於人們自願，但很快的，它就變成強制性的義務。這些工人對德國最敏感、最重要的工業所帶來的成效，只能從那些設法運到前線、交由毫不知情的戰鬥部隊使用的瑕疵品數量來評判。不過，引入外國勞力，的確使德國許多軍備工廠終於可以揚棄每日一班的制度，日夜趕工。儘管產量得以增加，一九四二年十一月德國只生產出了一百輛四號戰車，而同一個月蘇聯卻有一千輛T-34駛下生產線。

行政變化

德國工業產量增長的另一個因素是亞伯特·斯皮爾（Albert Speer）取代了弗里茲·托德（Friz Todt），擔任軍備部長。斯皮爾展現了他卓越的組織長才，在他領導下，德國的軍備產量從一九四二年開始猛增，並一直持續至

一九四四年。另一個具有重要的人事任命，是希特勒在史達林格勒戰役之後頭腦較理性時所做的，就是讓戰車部隊出身的古德林（Heinz Guderian）將軍擔任裝甲兵總監（Inspector of Armoured Forces）。古德林及中央集團軍的其他一些高階軍官，因為未能在一九四一年底佔領莫斯科，被希特勒勒令解職。一九四三年二月十七日，希特勒在烏克蘭的文尼察召見古德林。古德林中斷了他在拉斯登堡（Rastenburg）的旅行，與希特勒的副官施密特（Rudolf Schmundt）討論了復職的條件，

認為這些條件可以接受。

在與希特勒會面之後，古德林於一九四三年二月二十八日正式接受他的新職位。他對於裝甲部隊當時的慘況大感震驚。十八個自東線戰場退下來的裝甲師，其中能作戰的戰車只有四百九十五輛，只比巴巴羅沙作戰展開時，一個滿編裝甲師的戰車的兩倍還多一點。古德林被授以廣泛的權力，並將與斯皮爾緊密合作。他們倆將一起為當前混亂的德軍戰車發展和生產重建秩序。然而，即使是新的舉措也無法阻止一九四三年德國陸軍總部提出荒謬的要求，陸總部希望除了虎式

↑初次登場的豹式戰車在庫斯克的表現令人失望。由於變速箱、傳動裝置及懸吊系統等發生諸多技術性問題，再加上引擎容易起火，豹式戰車在會戰之前就出現了「非戰鬥損失」，在這場作戰中更是損失慘重。第一批生產的二百五十輛豹式戰車中，至1943年8月10日仍然服役的只剩四十三輛。

及豹式戰車以外，停止所有戰車的生產。在三月九日的一場會議上，古德林拒絕了這項建議，並下令繼續生產四號戰車，因為它仍然是德軍裝甲部隊的骨幹。而根據希特勒於一九四二年十二年親自下達的特別命令，三號戰車的生產設施已經改為生產三號突擊砲（Sturmgeschütz〔StuG〕）。

　　一九四三年，醞釀了好一段時間的德國新戰車終於出場。與庫斯克會戰最為緊密相關的兩型為虎式和豹式戰車。其中，虎式戰車在一九四二年末的列寧格勒戰場上，就已有實戰經驗了。但由於地形不利於裝甲作戰，它的表現乏善可陳。虎式戰車匯聚了德軍多年來在蘇聯戰場上所得的經驗與教訓。最初有兩款設計，一個來自保時捷公司，另一個來自亨榭爾公司（Henschel）公司。一九四二年的四月二十日，希特勒生日當天，兩款原型車進行了展示，亨榭爾公司的設計勝出。在得到訂單之後，八月就開始量產。該型戰車被命名為六號虎式戰車（Kampfwagen VI Tiger Ausf H）。

虎式戰車

　　經驗告訴德國人，對付蘇聯一切裝甲車輛的最有效武器是八八公厘的KwK 36——傳奇的八八砲的衍生產品，它被選為虎式戰車的主要武器。裝備KwK 36的虎式戰車可以在一千五百公尺外擊毀蘇聯戰車，而敵方的戰車砲火卻構成不了威脅。與八十八公厘主砲同軸安裝的是一挺七・九二公厘的MG 34機槍，戰車正面的垂直裝甲上還安裝了一挺類似的機槍，供無線電操作員／機槍手使用。裝甲的厚度達到了一百公厘（四英寸），車底的裝甲也有二十六公厘（一英寸），以減少地雷和爆破犬（exploding dogs）的傷害。寬大的履帶使五十七公噸（五十六英噸）的重量可以均勻分散，因此在鬆軟的土地及雪地也可以行動自如。虎式戰車最大公路時速達每小時三十六公里（二十三英里）；最大越野時速達每小時十九公里（十二・五英里）。乘員五人，包括車長、射手、裝填手、無線電操作員／機槍手以及駕駛。

　　不過，虎式戰車的生產相當耗時，每輛戰車需要三十萬工時才能完成，而且損壞時極難修復。虎式戰車中有一種專門型號是戰車回收車，用於修理損壞的虎式戰車及其他重型車輛。虎式戰車被定位於「突穿戰車」，這個角色讓它如魚得水。虎式戰車在邁克爾・魏特曼（Michael Wittmann）這類的戰車王牌手中，戰鬥能力便能淋漓盡致地展現。

　　豹式戰車的問世，可以說是受到德軍初期遭遇T-34戰車的直接影響，因此它的設計與三號及四號戰車截然不同。豹式戰車明顯採用了T-34的設計理念，其厚達八十公厘（三英寸）的正面傾斜裝甲，威猛的長砲身巨砲，以及時速高達五十四公里（三十四英里）的公路速度，合理地將武器、裝甲及速度組

合起來。同樣，豹式戰車設計之初也有兩套方案，分別來自於德國MAN公司以及戴姆勒－朋馳公司（Daimler-Benz）。MAN公司的設計獲得了採用，豹式戰車於一九四二年十一月投產，並正式命名爲五號豹式戰車（Panzer Kampfwagen V Panther Ausf D，Sd Kfz 171）。由於當時前線戰況吃緊，豹式戰車一開始的生產計劃就要求月產量達二百五十輛。這種急迫感很快展現出了弊病，剛出廠的戰車問題層出不窮，部份是因爲戰車總重超過了原來制訂的規格，使得齒輪過度磨損，而更強大的引擎也使得變速箱力不從心。這些毛病與懸吊系統的

缺陷是豹式戰車早期產品的主要問題，而在庫斯克派上用場的，恰恰就是這些戰車。

　　在三月的一次會議上，古德林強調在一九四三年七月之前，豹式戰車不可能進入現役。在德國進行的試驗證實了古德林的說法，因爲機械故障以及引擎失火發生的頻率之高令人擔憂。儘管野戰測試結果不如人意，並且以古德林爲代表的戰車專家們也提出了警告，豹式戰車的生產速度卻是虎式戰車的兩倍，並且安裝的主砲，其性能與虎式戰車的八八公厘砲相差無幾，可以輕易地擊穿蘇聯戰車的裝甲。它的主砲爲七十五公厘七十倍徑

↑圖爲參加庫斯克會戰之前，整裝待發的「大德意志」裝甲擲彈兵師士兵。身爲德國軍隊中的精英，這支部隊配發了足額的戰車、突擊砲及裝甲運兵車。

↑裝備有裝甲護裙的四號戰車。這些四號戰車是H型，與G型不同之處在於它的傳動裝置為SSG77型，另外還包括一系列的小改動，比如全鋼滾軸及外部空氣濾清器。從1943年4月開始，德國共建造了三千七百七十四輛四號H型戰車。

（75mm 42L/70）戰車砲，是四號戰車G型所安裝主砲的改良版。除此以外，豹式戰車還安裝了兩挺MG 34機槍，一挺同軸位於主砲護盾之內，另一挺位於正面裝甲。戰車乘員五人，但由於其機械故障不斷，並且引擎容易起火，早期的豹式戰車在德軍裝甲部隊中並不受歡迎。

保時捷的設計在虎式戰車的競爭中落選，但其底盤經改良後被用於八八公厘的七十一倍徑自走砲。最終官方命名為象式驅逐戰車（88mm 43/2 L/71 Ausf Panzer Jäger Tiger （P） Elefant Fruber Ferdinand）。這個重達六十九公噸（六十八英噸）的大傢伙並非做工精細的武器：由於缺少砲塔，火砲被安裝在一個高大的箱形上層結構上，而這門火砲，即八八公厘砲的加長版，是象式戰車的唯一武裝。在庫斯克會戰中，證明了未安裝機槍是象式戰車的重大缺陷，這頭行動笨拙的「大象」因此成為蘇聯戰車獵殺隊的絕佳目標。在「衛城作戰」中，德軍第9軍團的第653及第654重型驅逐戰車營大約部署了七十六輛象式戰車。

為了延長三號及四號戰車的作戰生涯，德軍發明了裝甲側裙以保護傳動裝置、履帶及砲塔免受敵方輕型反戰車武器的殺傷。總共八百四十一輛的四號G型戰車構成了德軍在庫斯克的裝甲主力。改良後的四號戰車足以在戰場射程與T-34進行對抗。「衛城作戰」中還部署了四百三十二輛三號戰車，在重新裝

↑乘坐在一輛三號戰車上的德軍部隊。在1941年底的東線戰場時，三號戰車就已經不是T-34的對手，但由於裝甲車輛的缺乏，它仍然留在德軍服役。比如在庫斯克會戰中，戰車部隊就裝備了一百五十五輛三號N型戰車。

備了五○公厘長管主砲之後，它們可以在近距離擊穿T-34的厚重裝甲，因此是前幾種戰車強而有力的幫手。大約有六十輛三號戰車改裝成噴火戰車，由於炎熱的天氣使當地植被乾燥易燃，這些車輛成為致命的武器。

除了各種各樣的新舊戰車以外，突擊砲也扮演了相當重要的角色。古德林無法控管突擊砲的設計及生產，因為它們歸砲兵指揮。後者出於嫉妒而小心翼翼地保護著這點權力。最初，大多數突擊砲都是以三號戰車的底盤為基礎，實戰表明，這種底盤非常可靠。突擊砲的基本理念是為步兵提供近距離的機動砲火支援。最初搭載的是七十五公厘短管火砲，安裝於無砲塔的車

身結構上，旋轉角度極為有限。到一九四三年，突擊砲已證明是獵殺戰車的有效武器，尤其在安裝七十五公厘四○型四十八倍徑（75mm 40L/48）長管火砲之後，更是如虎添翼。在安裝了五公厘（○‧一九英寸）厚裝甲以保護履帶及承載輪之後，這些車輛的外形更像一個盒子。

最終，「衛城作戰」中廣泛使用了基於不同戰車底盤的突擊砲及自走砲。其中包括「灰熊」（Grizzly Bear, Brummbär）。這型突擊砲使用四號戰車的底盤，上層構造裝有厚重的裝甲以保護其短管的一五○公厘榴彈砲。它服役於第9軍團第216裝甲營，專用於摧毀敵軍工事。另外一種

採用四號戰車底盤的是犀牛式（Rhinoceros, Nashorn）驅逐戰車，初期的款式被稱爲「黃蜂」（Hornet, Hornisse），專門用於獵殺戰車，與「灰熊」一樣擁有類似盒狀的外形。「犀牛」安裝了八八公厘火砲，能輕易擊毀T-34戰車。使用四號戰車底盤的還有「野蜂」（Bumble Bee, Hummel），這款自走砲在開放式頂部的裝甲隔間裡裝了長砲管的一五〇公厘榴彈砲。「野蜂」所擔任的任務是爲第20裝甲師及其他裝甲師提供機動火力支援。

捷克製的38（t）戰車早已過時，它們的底盤在提供一〇五公厘的「胡蜂」（Wasp, Wespe）輕型自走砲之後獲得了新生。此型火砲同樣是提供戰車部隊砲火支援。二號戰車的底盤也沒被忽視，構造簡單的車身在安裝了七十五公厘長管戰防砲後，它就成了德軍另一種有效的戰車獵殺工具——「貂鼠」（Marten, Marder II）。

一九四三年六月，更大的生產及維修翻新力度使得大多數裝甲師的戰力得到了強化，每個裝甲師的戰車數量達到一百至一百三十輛。但是，戰車分配的優先順序卻發生了變化。納粹德國的「帝國護衛隊」武裝黨衛軍在東線戰場表現出了非凡的勇氣、技能和戰鬥效率。一九四二年，希特勒不顧德國陸軍的反對，下令將最新的裝備——包括戰車、突擊砲以及裝甲運兵車——分配給了武裝黨衛軍，以做爲獎勵。最初的三個黨衛師：「希特勒近衛」、「帝國」及「骷髏」師，儘管它們名義上是裝甲擲彈兵師，由於配備了越來越多的裝甲武力，其戰力及功能不亞於正規的裝甲師。

德國空軍的支援

部署在東線戰場的空軍力量，略高於德國空軍總數的三分之二，表定投入「衛城作戰」的飛機大約有一千八百架。由於蘇聯空軍阻撓，德軍斯圖卡（Stuka）戰機執行傳統的俯衝轟炸任務的難度越來越大，德國空軍分派了大批梅塞希密特（Messerschmitt）Bf 109 G-6及福克－烏爾夫（Focke-Wulf）Fw 190 A-5執行護航任務。由於德軍戰機的優異性能及飛行員的嫻熟技術，德國空軍仍然佔有優勢，但蘇聯戰機在數量及質量上已經取得了均勢。「衛城作戰」中，德軍出動了兩個飛行軍團（air fleets），分別支援地面部隊在北方及南方的兩支鉗形攻勢。

德國空軍在這場仗中首次大規模使用亨榭爾 Hs 129 B-2R2反戰車飛機。這種飛機是德國第一種針對戰車所專門研製的「戰車獵殺機」。Hs 129裝載了眾多武器，包括兩挺七・九二公厘機槍及機首的兩門二十公厘加農砲，但其主要武器是安裝在座艙下方吊艙的一門三〇公厘加農砲。德軍的對地攻擊單位還使用福克－烏爾夫 Fw 190攜載殺傷人員的破片彈，並在機翼上安裝了二〇公厘加農砲及機槍。

轟炸機部隊使用的是久經考驗

的亨克爾（Heinkel） He 111及容克斯（Junkers） Ju 88，另外還有一小批遠程的亨克爾 He 177。早在「衛城作戰」開始之前，德空軍已對某些俄軍陣地展開小規模的轟炸行動，並對烏拉山一帶的戰車生產工廠實施了幾次空襲。但是，這些先期轟炸並沒有給人留下深刻印象，部分原因是爲了保留短缺的航空燃料，以支援隨後作戰時的地面支援任務。

除了執行俯衝轟炸任務以外，許多斯圖卡戰機在機翼下的莢艙都安裝了兩門三七公厘加農砲，在射擊紅軍裝甲車輛的脆弱部位例如引擎室時，可以輕易地摧毀目標。但是無論戰車和戰機能夠取得多大的戰果，德國陸軍仍然必須對付可怕

的蘇聯步兵。而這個重擔，只有靠德國的步兵挑起。

一九四二年期間，德國步兵師進行了重組。新的編組中，步兵的人數較以往更少，火力方面卻沒有得到相應的補強。步兵師的步兵營由九個削減至六個，而砲兵單位更是減少了四分之一。因此步兵師的戰鬥力量約爲六千至八千人。在「巴巴羅沙作戰」初期，東線戰場上的軸心國部隊普遍使用前紅軍士兵充當炊事員及苦力等非戰鬥角色。這些人被稱作「協助者」（Hiwis），嚴格來說是擅離職守的紅軍逃兵，如果被再次俘虜或蘇聯最後勝利，他們自己及家人的命運簡直無從想像，因此他們一樣期盼德國獲勝。除了哥薩克人和一些

↑納粹黨衛軍士兵乘坐於三號戰車上。1943年7月，第2黨衛裝甲軍已成為一支強大的部隊。這個軍的三個師——「希特勒近衛」，「骷髏」以及「帝國」——總共擁有三百九十輛戰車及一百零四輛突擊砲。

←←一輛三號突擊砲，表面塗上防磁塗層（Zimmerit），並裝上了裝甲護裙。防磁塗層於1943年中期開始使用，目的在於防止磁性地雷吸附在戰車裝甲。它在裝甲表面形成一道絕緣層，使地雷無法吸附。

↑「野蜂」自走砲於1943年投入現役。在「衛城作戰」開始之時，大約共有一百輛服役於各裝甲師的重型自走砲連。每台「野蜂」只能攜帶十八發砲彈，因此還特地為它建造了專門的砲彈裝載車。

國家主義者組成的戰鬥單位，還有不少「協助者」被武裝起來與德國人並肩作戰的例子。但是，目前還不清楚「協助者」是否曾參與「衛城作戰」。

步兵師裡的戰防砲少得可憐。儘管很多步兵師分配到了少量性能不錯的七十五公厘砲，但步兵主要的反戰車武器仍然是三十七公厘砲，它們對於T-34的殺傷力微乎其微。「衛城作戰」中引入了一種高效的反戰車武器──鐵拳反戰車榴彈發射器（Panzerfaust）。一九四三年至一九四五年期間，德國生產了數千具這種反戰車武器，在經驗豐富的射手操作下，它們成了蘇聯戰車的致命殺手。

在史達林格勒中損失二十萬部隊之後，德軍的人力資源變得尤其寶貴。一九四三年一月十三日，希特勒發佈了一條命令──「為保衛帝國而進行總動員」，動員範圍擴大到十六歲至四十五歲的所有男子以及十七歲至四十五歲的所有婦女。政府減少了預備役人員的數量，只留下老年人或者非德裔的勞動力，適齡範圍內的所有男子全部被徵入武裝部隊。一九四三年五月三十日，這些措施使德國的武裝力量增加至九百五十萬，數量達到二戰期間的最頂峰。

理論上，一九四三年的德軍裝甲師下轄一個擁有兩到三個營的裝甲團（一百三十輛至一百八十輛戰

車）、一個裝甲擲彈兵旅、一個砲兵團及及師屬的各類支援單位。然而，對於德國陸軍裝甲師來說，現實卻與理論總是難以相符，要是能夠擁有一百輛戰車已經算是幸運的了。黨衛軍的情況要好得多。組成第2黨衛裝甲軍的三個單位都配備精良，德國陸軍精銳的「大德意志」裝甲擲彈兵師也獲得了諸多優良的裝備。

一九四三年七月五日，黨衛軍各師平均擁有一百三十輛戰車和三十五輛突擊砲，而「大德意志」裝甲擲彈兵師擁有一百六十輛戰車和三十五輛突擊砲。這些師都配備有由十四輛虎式戰車所組成的「重型」戰車連。其餘的虎式戰車則分配給軍團及軍直屬的專屬重戰車營，使用於必要的時間或地點。「大德意志」裝甲擲彈兵師的第1

↓將75公厘的Pak 40/3大砲安裝於捷克製的38（t）戰車底盤上，就成了「貂鼠」三型自走戰防砲。從1943年5月開始，它們分配給步兵師及裝甲師的反戰車營。貂鼠三型的生產始於1943年2月，止於1944年5月。

→圖為四號突擊戰車
（Sturmpanzer IV），
又叫「灰熊」步兵突擊
砲配有一門150公厘火
砲。它對付步兵挖掘的
工事、建築物及據點特
別有效。在庫斯克會戰
前夕，第一批「灰熊」
運送給了第216突擊
營。

↓「黃蜂」是一種輕型
自走砲，主要武器是
105公厘野戰榴彈砲。
它的任務是為機動部隊
提供間接砲火支援。黃
蜂往往被部署在前線後
方，避免與敵軍正面接
戰，不過它們也配有穿
甲彈，以防遇上敵方戰
車。

↑1943年在奧勒爾上空進行空中偵照的一架亨克爾 He 111中型轟炸機。這種雙引擎戰機在庫斯克會戰期間廣泛使用，但到1943年中期它已經顯得過時。在缺乏護航時，它極易被敵方戰鬥機擊落。

↓福克－烏爾夫Fw 190 A-5是一種出色的戰鬥機。它機動性良好，擁有不同尋常的速度，並且航程及續航力都明顯比Bf 109優越。另外，全視角的座艙罩提供了更大的視野，這一點備受飛行員青睞。

↑圖為被暱稱為「戰車毀滅者」或「飛行大砲」的容克斯 Ju 87 G-2飛機。它的機翼下安裝了一對Flak 18 37公厘機砲，每門機砲有十二發砲彈。實戰證明，這種37公厘機砲所發射出的鎢心彈足以擊毀幾乎所有蘇聯的戰車，只有最厚重的俄軍戰車才有可能倖免於難。

裝甲營和第10裝甲旅（由另外兩個軍團直屬的重戰車營所組成）配備了豹式戰車。黨衛軍各師也配備了少量豹式戰車。

「衛城作戰」中投入了大約五百三十三輛突擊砲。其中不少被編入裝甲師，但大多數被分配至獨立的突擊砲旅，平均每個旅三十輛。但是，決定一場戰鬥結果的並不單純是戰車和飛機的數量或質量，更重要的是運用它們的方法。對於這一點，德國陸軍總部非常清楚。

在引入新型戰車比如虎式和豹式之後，從形勢上看——至少是在紙面上看——德軍的戰術將再一次獲得成功，即便他們必須以寡擊眾。因此，閃擊戰的戰術在稍加改動之後，將在「衛城作戰」中再一次派上用場。

在雙方交手的四年來，這戰術屢試不爽的關鍵在於空中轟炸、彈幕射擊以及戰車對於敵軍陣線某個特定位置的強力攻擊。一旦防線出現缺口，戰車和摩托化步兵便不顧側翼的安危從中湧入，使敵軍沒有時間反應。此時，斯圖卡戰機繼續提供空中火力支援，直至達成進攻目標。「衛城作戰」中所做的變化，主要在於由虎式戰車扮演突穿戰車的角色，充當突破敵陣的裝甲楔子，但楔子的側翼安全將得到保

障，並且不會因過於深入敵陣而脫離步兵和砲火的支援。裝甲楔子的側翼安全由四號戰車及三號戰車負責。乘坐裝甲運兵車的裝甲擲彈兵、將以迫擊砲和輕型火砲提供近距離支援。這個裝甲楔子將在挑選目標的空中攻擊及彈幕轟擊的支援下，向紅軍防線發起猛攻。戰車指揮官們接到的命令是把失去機動能力的車輛拋下，它們仍可為推進中的戰車提供火力支援，等攻勢完成推進後再進行回收維修。維持衝力對於作戰的成功至關重要。有意思的是，第9軍團指揮官瓦特·摩德爾（Walter Model）上將和曼斯坦都採用了這個戰術，但兩者之間又迥然各異。對於突出部的北方，摩德爾希望保留戰車以便擴大戰果，

而不是製造突破口。這一點並不奇怪，因為他向來被視為防禦型的指揮官。而在突出部南方的曼斯坦卻打算從一開始就使用裝甲楔子的強大威力。在「衛城作戰」的環境下，摩德爾更強烈感受到紅軍防禦系統的恐怖。更而甚之，紅軍參謀本部在突出部的北翼投入了稍多的防禦兵力，因為它認為該處將承受德軍的主力攻擊。

「衛城作戰」需要集結大批戰車，這一過程使得德軍多次延遲行動發起日期。德軍共有五個軍團投入這場作戰，由中央集團軍（克魯格）和南方集團軍（曼斯坦）指揮。

↓亨克爾 He 177「鷹獅」是遠程轟炸機，但戰鬥表現不佳。這型飛機不僅超重、結構存在缺陷，而且引擎經常起火。在史達林格勒解圍行動中，大約出動了二十架這型飛機。

中央集團軍

突出部北面的攻勢由第9軍團負責，指揮官是摩德爾上將。

摩德爾上將的部隊總數達三十三萬五千人，共組成二十一個德國師和三個匈牙利師。匈牙利部隊負責反游擊和保安，因此並不被視爲進攻部隊的一部分。在二十一個德國師中，有六個——第2、第4、第9、第12、第18及第20師——是裝甲部隊，另有第10裝甲擲彈兵師及十四個步兵師。將這二十一個師編

成幾個軍的目的是便於高層指揮。

第47軍

包括第2、第9和第20裝甲師、第6步兵師及第21裝甲旅。該軍的裝甲師裝備了三號戰車、四號戰車及三號突擊砲，但第21裝甲旅的第505重戰車營下有三個虎式戰車連，配備四十五輛虎式戰車和十五輛三號戰車，第909突擊砲營則總共裝備了三十六輛裝甲車輛。

第46軍

包括第4、第12裝甲師及第10裝甲擲彈兵師，總共配備了一百八

↓容克斯 Ju 88是二戰中用途最廣的通用飛機之一。起初它的任務是俯衝轟炸機及偵察機，後來又被用作魚雷轟炸機、夜間戰鬥機、日間戰鬥機及反戰車飛機。德國總共製造了一萬零七百七十四架這款戰機，包括一百零四架原型機及試驗機。

十四輛戰車。「衛城作戰」開始之初，這個軍被留作預備隊。

第41軍

包括第18裝甲師、第86及第292步兵師。它還擁有最新組建的第653及第654重型驅逐戰車營，配備了保時捷公司生產的所有裝備及小量的四號戰車。第177及第244突擊砲旅的三號突擊砲，以及第216裝甲營的六十六輛「灰熊」突擊砲可以提供額外的火力支援。

第20軍

位於西翼，由四個步兵師組成。

第23軍

位於東翼，由三又三分之一個步兵師組成。

第9軍團總共擁有五百九十輛戰車及四百二十四輛突擊砲。

連接南方集團軍及中央集團軍的部隊由八個步兵師、三個反戰車營、四個保安師及第8黨衛騎兵師「弗洛里安‧蓋依」（Florian Geyer）組成。這些部隊都缺乏重兵器、裝甲戰鬥車輛及反戰車武器。但是這些部隊——被編成

↑「衛城作戰」之前，一個連的「野蜂」自走砲在陣線後方的集結區。圖中可以看到，這些車輛的砲手乘坐在開放式頂部、輪廓較高的戰鬥艙內。從當天的氣候來看，這並不利於它們的隱蔽及作戰。

第2軍團，由華特‧維斯（Walter Weiss）上將指揮——在整個「衛城作戰」中都保持防禦態勢。

南方集團軍

德軍在突出部南方集結了更加強大的部隊。赫曼‧霍斯（Hermann Hoth）上將指揮的第4裝甲軍團及華特‧肯夫（Walter Kempf）指揮的肯夫兵團（Army Detachment Kempf）組成了主要的進攻力量。曼斯坦麾下將近有三十五萬人、一千二百六十九輛戰車及

二百四十五輛突擊砲，並且這些數字還不包括後備部隊。

第52軍位於左翼，由三個步兵師組成，主要採取守勢。

位於中央的第48裝甲軍，由第3及第11裝甲師、第167步兵師及「大德意志」裝甲擲彈兵師組成，其中「大德意志」裝甲擲彈兵師的第10裝甲旅擁有兩百輛豹式戰車。這個軍總共擁有大約五百三十五輛戰車及六十六輛突擊砲。

第2黨衛裝甲軍位於南翼，包括三個黨衛裝甲擲彈兵師——「阿

道夫·希特勒近衛」、「帝國」及「骷髏」，大約擁有三百九十輛戰車及一百零四輛突擊砲。南方集團軍所擁有的一百零二輛虎式戰車中，第2黨衛裝甲軍就佔了四十二輛。

肯夫兵團負責第4裝甲軍團的右翼安全，由三個軍組成。

第3裝甲軍

包括第6、第7及第19裝甲師（二百九十九輛戰車）、第228突擊砲營（二十五輛三號突擊砲）、以及第168步兵師。第3裝甲軍的尖刀部隊為擁有四十五輛虎式戰車的第503戰車營。

第11軍

包括第106及第320步兵師，以及各擁有二十五輛三號突擊砲的第905及第393突擊砲營。

第42軍

第39、第161及第282步兵師，加上裝備了「黃蜂」的第560重型驅逐戰車營（四十輛驅逐戰車）和重型驅逐戰車C營（大約四十輛突擊砲）。

為這一強大陣容提供支援的是第24裝甲軍，由第17裝甲師及第5黨衛摩托化步兵師「維京」，共擁有一百一十二輛戰車。儘管聚集了數量如此眾多的兵員和裝甲車輛，希特勒在「衛城作戰」開始之前仍然深感憂慮，以他自己的話說，一想到這次行動的成敗，「我就開始反胃」。希特勒的胃的確不會好受，因為在德軍準備「衛城作戰」的同時，紅軍將領也是分秒必爭地調兵遣將，鞏固日益強大的防線。

←一個德軍機槍小組正在掃射敵方陣地。他們使用的武器是由三角架支撐的MG 34機槍，它是二戰期間德軍步兵班使用的標準機槍，每秒鐘可發射八百至九百發子彈。

1943年末，庫斯克突出部周圍的德軍已進入高度備戰狀態。步兵師及裝甲師
都裝備精良，士氣高昂，對勝利充滿著期待。但這些部隊並沒有意識到，蘇聯
的縱深防線將遠遠超出他們的估計。

第二章
紅軍嚴陣以待

成千上萬的平民被運送至庫斯克突出部，日夜不停地強化俄軍陣地。他們建造了塹壕、反戰車壕及其他防禦工事，將這地區變成強大的殺戮地帶。

　　史達林格勒之役的勝利粉碎了德軍戰無不勝的神話，俄軍對於自身的能力逐漸有了新的認知：面對德軍未必會失敗。蘇聯人民及軍隊的士氣得到了巨大的鼓舞。蘇聯的宣傳機構不再熱中於宣傳共產黨的教條，而是慢慢改為發揚熱愛祖國及家庭的愛國情操。為了進一步強化愛國心並激勵衛國戰鬥，紅軍恢復使用了帝俄時期的俄羅斯制服及

官銜，它們早在十月革命及內戰期間就已被棄之不用，其中包括農民式樣的襯衫（gymnastiorka）及肩章（Pogoni）。肩章被視為反革命及專制迫害的象徵，早在一九一八年時已被禁用。並不是所有人都歡迎這些徽章的回歸，但不管如何，除了一小部份人例外，蘇聯軍隊仍然接受了這些改變。

　　儘管俄軍的這股信心由於敵軍

↑一支由婦女組成的勞動隊正在修理阿什克爪哇（Ashkoljava）火車站附近的鐵路。在道路無法使用的「沼澤季節」（rasputitsa），地面因雪融而泥濘不堪，鐵路逐成為最有效率的運輸工具。

→配有手榴彈與7.62公
厘口徑的莫辛納干1930
式步槍的游擊隊員。成
千上萬個這樣的游擊隊
員活躍於蘇聯中部的德
軍後方。，在「衛城作
戰」部隊集結階段，這
些高度組織化的游擊隊
相當活躍，令意圖壓制
他們的大批軸心國部隊
疲於奔命。

↓蘇聯空軍在庫斯克地
區進行大規模集結，準
備爭奪對德軍作戰至關
重要的空中優勢。圖
中，La 5戰鬥機正經
由鐵路運送。有意思的
是，它們沒有任何可見
的偽裝，似乎只靠天氣
提供唯一的保護。

的獲勝而略有稍減——德軍再次攻
下了卡爾可夫，並穩住了南方集團
軍的戰線，但史達林及幾個比他更
樂觀的高級將領，比如弗洛奈士方
面軍指揮官范屠亭將軍，都希望在
德軍展開進一步行動前先行進攻。
然而，頭腦更冷靜的朱可夫——時
任紅軍最高副統帥，地位僅次於史
達林本人——以及其他將領改變了
史達林的想法。紅軍停止推進，開
始鞏固陣地並評估當前形勢。

在地圖上，一眼即可看出東線
戰場形勢的最顯著特色，一個巨大
的突出部突入軸心國部隊的陣線：
這突出部位於奧勒爾以南，卡爾可

夫以北，兩地都已落入德軍手中，而中央的庫斯克則由蘇聯據守。這三個城市都是重要的鐵路樞紐，而蘇聯的交通主要仰賴鐵路，不論春夏秋冬，沒有鐵路，根本不可能獲得一場戰役的勝利。隨著紅軍的一連串作戰在三月末落幕，庫斯克突出部周邊的蘇聯部隊由北向南依序如下：奧勒爾北方駐紮著西部方面軍（索科洛夫斯基〔V.D. Sokolovsky〕上將），駐紮在奧勒爾對面的是布里安斯克方面軍（波卜夫上將）。中部方面軍（羅柯索夫斯基上將）據守突出部北翼，而弗洛奈士方面軍（范屠亭將軍）則是南翼。突出部的尖端由中部方面軍及弗洛奈士方面軍共同防禦。突出部的南方是西南方面軍（馬林諾夫斯基〔R.I. Malinovsky〕上將）。

　　情報不斷湧入莫斯科。這些情報明確指出德國正計劃向庫斯克突出部發動一次強有力的進攻。情報來自於蘇聯陸軍、空軍或者軸心國戰線後方的游擊隊組織。在中立國家瑞士活動、化名為「露西」（Lucy）的蘇聯間諜也向史達林提供了進一步的證據，這名間諜透過反納粹人士獲知了德國陸總部的內部討論資料。經由「露西」的運作，史達林得悉了希特勒「第六號作戰命令」的內容。英國駐莫斯科軍事代表團也提供了關於德國進攻意圖的資訊，這些情報來自於監聽到的德國空軍的無線電通訊，並使用俘獲的「謎」（Enigma）密碼機（位於英格蘭的布萊奇利公園

〔Bletchley Park〕）進行破譯。

　　在獲知德國陸軍正集結大批部隊——尤其是在突出部北方——之後，史達林下令各方面軍指揮官對德軍的意圖做出分析。另外，四月的第一個星期，俄軍加緊在前線及德軍後方的情報搜集活動，德軍陣線後方的行動由莫斯科的中央游擊隊總部進行協調。

　　蘇聯參謀本部的戰略評估報告相當準確地指出了德軍的意圖：來自南北兩方的鉗形攻勢將整個庫斯克突出部截斷，然後消滅受困其中的蘇聯部隊，此舉可使德軍的戰線

↑庫斯克會戰前夕的東線形勢。希特勒相信，只要摧毀庫斯克地區的紅軍部隊，便夠先發制人地破壞任何未來的俄軍攻勢，並在東線戰場贏得一場期盼已久的勝利。

↑正向平民勞動者發表講話的軍官是克雷尼茲（Krenitz）中尉。作戰部隊經常以激勵人心的演說向工人說明建造防禦帶的必要性，以強調任務的緊急，同時也強化軍民之間的關係。

得以縮短大約二百五十公里（一百六十英里）。幾乎所有人都認同德軍將於五月初的幾天裡展開攻擊。然而，庫斯克是一個如此誘人又幾乎太過明顯的目標，因此，為了防止德軍聲東擊西，蘇聯參謀本部嚴密監視軸心國部隊在整個東線戰場上的所有活動。由於證據確鑿，史

達林不再懷疑，他下令紅軍採取守勢，等待即將來臨的進攻。

朱可夫於四月八日向史達林提交的報告中有以下這樣的文字：

「我認為我軍在近期內先發制人發動攻勢並無意義。更好的方法是利用防禦削弱敵軍，擊潰對方的戰車，然後我們投入預備隊發動總

三年重大事件時寫道：

「最終決定將主力部隊集中在庫斯克一帶，藉由守勢作戰重創敵軍，然後轉守為攻，將敵軍一舉殲滅。為了應付各種可能性，我們認為有必要在整個戰略陣線上建構深遠且穩固的防禦，使它們在庫斯克一帶格外具有殺傷力。」

四月二十一日，在一份史達林親自簽署、發給各相關戰區的命令中，蘇聯參謀本部指示：

1. 清出一塊交鋒地帶……然後在今年五月十日之前，將這區域內的所有平民運送到原先以佔領的戰線後方二十五公里（十五‧五英里）之外……

建立交鋒地帶的後方邊界。

2. 立即在此交鋒地帶依次建造二到三條軍事防線，該區域內的所有人口聚居點都將用於防禦。

準備將交鋒地帶內的各城鎮及人口聚居點做為作戰之用，不管距離前線遠或近，所有居民都必須撤離。

3. 立即回報本指令的執行狀況。

用以吸引德軍進攻的防禦帶規模龐大，遍佈戰壕及其他土木工事。這些防禦工事，一如戰車、飛機和大砲，是俄軍成敗的關鍵。為了應付西提門科所說的「各種可能狀況」，紅軍建立了一支大型的戰略預備隊（起初被稱為「大草原軍事區」〔Steppe Military District〕），由柯涅夫（I.S. Konev）上將指揮。

攻擊，一舉擊潰敵軍主力。」

四月十二日，紅軍高層通過決議，從一開始就要守住庫斯克，而極大的縱深使這地區簡直不可能攻破。參謀本部作戰處第一副處長（First Deputy of the General Staff's Operational Directorate）西提門科（Shtemenko）少將在回憶一九四

↑一支番號不詳的女兵隊伍奔赴庫斯克前線。女兵在俄羅斯並不是新鮮事，早在第一次世界大戰時帝俄就組建過幾個營的女兵，這一做法延續至今。在二戰期間，女兵的規模更大。很多婦女成為狙擊手和戰車駕駛，出現在各個戰場。

四月二十三日，柯涅夫收到了他的命令：

1. 在規劃階段並同時進行戰鬥訓練期間，大草原軍事區部隊分派有以下任務：

a. 如果敵軍在軍區部隊準備就緒之前發動進攻，必須堅定地保護以下幾條軸線……

根據部隊分組，軍區指揮官要整合軸線上各單位指揮官及參謀的謹慎研究成果，並研究將陣地向前推進的能力（capabilities for developing position）。

b. 著手研究並準備防守頓河左岸一線，自伏西科夫（Veeikovo）經萊伯汀（Lebedin）、查多斯克（Zadorsk）、弗洛奈士、里斯奇（Liski）及巴甫洛夫斯克（Pavlovsk）至博熾格（Bochugar）。這道防線必須於一九四三年六月十五日準備完畢。

c. 對阿夫雷蒙（Efremov）至頓內次河北部一線進行偵察，並評估在這一線部署防線的形勢，挑選出最佳的地段。

2. 部隊、指揮部及指揮官的準備方向著重在攻勢作戰及行動，內容包括滲透敵軍防線並與我方其他部隊實施有力反擊、快速鞏固我軍佔領地區的防禦、擊退敵軍反擊、反擊敵軍大規模戰車攻擊及空襲，

以及夜間作戰的準備。

　　也就是說，大草原軍事區的作戰任務涵蓋了德軍在「衛城作戰」中所有可能進攻的戰線。另外，如果德軍突破了主要防線，突出部的俄軍部隊面臨被包抄的威脅時，這支預備隊將隨時出擊實施援救。

　　可能面臨德軍突擊的是弗洛奈士方面軍、中部方面軍、西南方面軍及布里安斯克方面軍。他們也計劃構築深遠的防禦區，使德軍戰車在抵達開闊地帶之前就元氣大傷。一旦史達林及蘇聯參謀本部決定一開始就採防禦態勢，剩下的問題就是他們在德軍發動攻勢前還有多少時間可進行準備。在紅軍高層達成最遲不會超過五月這個共識之後，

便立即得展開準備工作。要是德軍的攻擊發起日期晚於這個底線，那麼形勢對於俄軍就更為有利。

紅軍

　　在一九四一年及一九四二年之間蘇聯紅軍遭受了慘重的損失，但昂貴的代價所換得的寶貴教訓在一九四三年開始體現價值。十九世紀三〇年代蘇共發起的「大清洗」，使蘇聯軍官團形成一種不正常的心理狀態，他們厭惡靈活的思考及戰術上的創造力。在東線戰事的前十八個月，這種特質成了德軍的幫兇，令蘇聯損失了難以估量的人員及裝備。史達林並不樂見屬下積極進取。儘管史達林在軍政兩方面都擁有近乎無限的生殺大權，他也很

↓步兵增援部隊正奔赴「庫斯克某地」的前線，很多人裝備著著名的PPSh（Pee Pee Sha）衝鋒槍。離鏡頭最近的是 T34/76 1942 年型戰車，車身上「為祖國而戰」的標語表明它們剛剛駛下生產線不久。

↑為了增加機動性並擴大行動範圍，很多游擊隊組織配有馬匹。在一次剿滅這些游擊隊的努力中，德軍出動了第8黨衛騎兵師「弗洛里安・蓋依」。這個師的指揮官為費格萊因（Hermann Fegelein），他是希特勒情婦伊娃・布勞恩（Eva Braun）的姐夫。

清楚這樣的後果只是使蘇聯的軍事能力嚴重倒退。與希特勒不一樣，他準備好要聽取他人的建議。隨著一場接一場的勝利，他也越來越願意聽從高階將領的意見，根據他們的見解來指揮戰爭。敢向史達林直陳事實的將領，比如朱可夫及羅特米斯托夫（P.A. Rotmistrov）中將（第五近衛戰車軍團指揮官），為蘇聯帶來了兩場意義重大的勝利──一九四一年的莫斯科保衛戰及一九四二年的史達林格勒保衛戰。接下來的作戰行動由於過於野心勃勃而未能如計劃者所願獲得成功，但引發了蘇聯軍事高層對於自身缺失的思索。正是這種分析使他們在庫斯克得到了豐厚的回報。當然，要是沒有兵員及各類戰鬥器械的充足供應，分析成敗關鍵也只是毫無價值的紙上談兵，而蘇聯在數量上，尤其是在戰車、戰機及火砲方面，正開始取得優勢。

在哲學理論及實用主義的推動

下，蘇聯戰車設計集中體現於數量有限的幾款經典戰車之上。在紅軍使用的各型戰車之中，T-34中型戰車及KV-1重型戰車堪稱罕逢對手，在一九四一年及一九四二年期間，軸心國的任何戰車都無法與之匹敵。由於設計者的遠見卓識，T-34在整個二戰期間僅經歷了微幅

的改進及主砲升級，由於將精力集中於一款主要戰車之上，使得戰車產量得以巨幅成長。事實上，儘管在一九四一年遭受了不可估計的損失，蘇聯各類戰車的數量從一九四二年一月的七千七百輛飆升至一九四三年早期的二萬零六百輛。蘇聯戰車的里程碑是裝備了一門七六.

↑因「租借法案」美國提供給蘇聯一千三百八十六輛M3A5「李將軍」戰車，圖中便是其中兩輛。由於性能、裝甲和武器都不盡如人意，這款戰車在紅軍戰車兵中口碑不佳。「衛城作戰」期間，這些戰車配發至哪些單位已經無從知悉。

↑另一種英製車輛，用於偵察角色的通用運兵車。由於只裝備了一挺戰防槍並且頂部無裝甲保護，這種車輛在作戰時作用有限。圖中的部隊正在探勘可用於反戰車防禦的潛在陣地。

二公厘主砲及兩挺七・六二公厘機槍的T-34戰車。它具備傾斜的正面裝甲及側面裝甲——分別為四十五公厘（一・七五吋）和六十公厘（二・三吋），最高時速達五十五公里（三十一英里），為其四個乘員及相對穩定的火砲提供了非常有效的保護。

KV-1戰車正好相反，儘管身披厚重裝甲，具有一門七六・二公厘主砲，它的角色卻被限制於步兵支援。蘇聯甚至準備在一九四二年年底停止生產KV-1，以便擴大T-34的產量，但這項計劃被擱置。一九四二年期間，俄軍再一次考慮將T-34及KV-1的優點整合到一起，設計出嶄新的戰車。然而，由

於虎式戰車於一九四二年底出現，這一計劃隨即取消。蘇聯戰車兵並不喜歡KV-1，因為它缺乏機動性和跨越障礙物的能力，並且它全重達四十四・七公噸（四十四英噸），在駛過橋樑時甚至有可能將之毀壞。另外，KV-1在火力方面的表現，也無法彌補其它在其他方面的諸多不足。

KV-1戰車的底盤後來改裝一五二公厘榴彈砲，俄軍希望這款榴彈砲的火力足以勝過虎式戰車的八八公厘主砲，並在遠距離貫穿其厚重的裝甲。一九四三年一月，它從設計到生產僅僅花費了二十五天，SU-152（samokhadnaia ustanovka〔機械化砲架〕）於焉誕生。一九

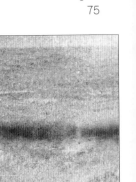

↑蘇聯的KV-1重型戰車。在開戰之初，紅軍共有六百三十九輛KV-1。除德軍最重型的戰車，它所裝備的76.2公厘主砲足以擊毀所有
戰車。但是，一連串的機械問題使它不大可靠。

↓蘇聯1942年投入部隊使用的45公厘戰防砲。紅軍步兵師中，每個步兵團都配備有一個戰防砲連，裝備六門45公厘戰防砲。儘管戰
後它仍留在紅軍服役，這款火砲的穿甲能力頂多只能算是剛好及格。

↑由剛挖的土堆，以及周邊稀疏的樹叢，可以看出這座迫擊砲陣地是在1943年春天完成的。圖為俄軍1941年型的82公厘迫擊砲。這款兵器可由兩名士兵以有如現代高爾夫球具推車的方式進行搬移，圖中隱約可見其車輪。砲口有防塵蓋保護，以防異物侵入砲管。

四三年五月，第一批四個戰車驅逐單位各獲得十二輛SU-152。庫斯克會戰之後，紅軍部隊給這輛戰車取了一個暱稱：「動物獵殺者」（Zveroboi），因為它在獵殺虎式、豹式及象式戰車時取得了輝煌的戰績。德軍將SU-152稱為「開罐器」（Dosenoffer），因為它的一發砲彈可以將一輛虎式戰車的砲塔打掉。絕大多數德國反戰車武器對於SU-152六十公厘（二‧五吋）厚的裝甲都無能為力。

輕型戰車如T-60及略加改進的T-70根本無所作為，在一九四二年底時已經意識到製造這些戰車只是浪費資源。英國及美國根據「租借法案」（Lend-Lease）提供的戰車，尤其是英國加拿大聯合設計的華倫泰（Valentine）戰車，足以出色地填補紅軍裝甲偵察車的角色。這部分釋放出來的工業能力被用來製造紅軍第一款突擊砲SU-76M，它是將七十六‧二公厘的ZiS-3師屬野戰砲藉由一個簡單而裝甲厚重的上層結構，安裝在T-70的底盤上。起初，紅軍戰車兵並不喜歡這種戰車，並嘲弄地將其稱為「殘疾戰車」。但是，SU-76在實戰中展

現出這種拼裝確實功效卓著，它不僅是有效的反戰車武器，也能為步兵提供有力的火力支援。

「租借法案」所提供的車輛對於使用它們的紅軍部隊來說是福禍參半。一方面，成千上萬的美國卡車──比如斯蒂倍克（Studebaker）、雪佛蘭（Chevrolet）及威利吉普車（Willys Jeep）──確保了紅軍的機動性，也釋出蘇聯更多可轉為它用的生產線。至一九四三年中期，光美國就向蘇聯提供了超過十萬輛非裝甲車輛。另一方面，一些戰車比如邱吉爾三型（Churchill Mark 3）和M3「李將軍」（M3 Lee）在蘇聯戰車兵之中名聲不佳。事實上，他們怕死了美國的M3戰車，很毒舌地暗稱為「可容七名弟兄的墓穴」或者「野戰火葬場」。不管如何，一九四三年期間，大約百分之二十的蘇聯戰車旅配備了「租借法案」提供的車輛，其中完全配備的超過百分之十。

蘇聯也生產了突擊砲和驅逐戰車，儘管數量比不上戰車。第一個例子是一九四〇年開始生產的KV-2。這型戰車的側面平直，體形巨大，重達五十二・八噸（五十二英噸）。它使用了標準的KV底盤，砲塔碩大，使全車總高度達三公尺（十一英尺），裝載一門一二二公厘或者一五二公厘的火砲，用於步兵或裝甲部隊的火力支援。由於這種「恐龍」的作戰記錄難以見人，紅軍當局有點遺憾地於一九四一年停止生產。大約在同一時間，

俄軍引入SU-122並投入生產。SU-122使用T-34底盤加裝一門短管的一二二公厘榴彈砲。其上層結構雖為箱式，但由於車體正面為平滑的傾斜裝甲，能彈開來襲的砲彈，這種設計後來一直是蘇聯戰車的特色。這型戰車同樣被賦予了支援步兵及反戰車的雙重角色，但由於它的砲彈缺乏殺傷力，因此在反戰車方面的表現成效不彰。

一九四二年的蘇聯戰車單位都於一九四三年前幾個月進行了重組。一九四三年一月二十八日，蘇聯最高軍事機構蘇聯最高國防委員會（State Defence Committee, GKO）發佈了「第2791命令」，下令建立戰車軍團，由越野能力相當的各類部隊組成，以便所有車輛在不同地形下都同樣能運作。

理論上，一個戰車軍團由兩個戰車軍、一個摩托化軍及支援部隊組成，使之具備四百五十至五百六十輛戰車及四萬八千人的兵力。實際上蘇聯組建的五個戰車軍其組成各不相同，根據任務及補給狀況的不同，它們彼此之間也存在著相當程度的差別。在奪回史達林格勒之後的作戰中，戰車長程奔襲表現出了無以倫比的威力，即使是最有經驗的死敵一樣會被打得措手不及。

一個戰車軍由三個戰車旅、一個摩托化步兵旅及各種技術部隊組成，自走砲通常獨立組成一個單位。一個戰車旅擁有五十三至六十五輛戰車，分配給兩或三個戰車營，使一個戰車軍的戰車達到二百至二百三十輛。

俄軍以多種模式配置新型的自走砲。重型自走砲團配備了十二輛SU-152，中型自走砲團配備十六輛SU-122及一輛T-34戰車，輕型自走砲團配備了二十一輛SU-76或十六輛SU-85及一輛T-34戰車，更早期編成的混合自走砲團則配備了十七輛SU-76和八輛SU-122。裝備一五二公厘火砲的重型團通常直接隸屬於負有突破任務的軍團或精銳的戰車軍團。裝備七十六公厘及八十五公厘火砲的團配屬給戰車軍，而混合砲兵團（裝備不同口徑的火砲）配屬給機械化軍。在「衛城作戰」開始之初，這種體系尚未完成部署。

蘇聯砲兵

一九四一年遭受的巨大損失，使得紅軍將各專責部隊諸如防空單位、反戰車單位、步兵支援戰車、工兵及野砲部隊進行混編，其目的純粹是為了使部隊存活。這些混合編成的部隊由軍團管控。隨著各類武器的產量不斷增加，它們的編制也亟待擴充，擴充的比例一如戰車部隊。一九四三年春季及夏初，俄軍組建了防空師、戰防師及突破砲兵師（artillery penetration divisions）。這些部隊由多個營組成，在進攻和防守時都能夠提供強大的火力。各型野戰砲諸如七六‧二公厘F22及一九四二年起接替它的七六‧二公厘ZiS-3都是精良的武器，一五二公厘的ML-20及一二二公厘的A-19也一樣，但是紅軍火砲家族中破壞力最強的是一種多管火箭發射車，蘇聯部隊稱之為「卡秋莎」（Katyusha），而德軍則稱為「史達林的管風琴」（Stalin's Organ）。卡秋莎分有重型和輕型兩種型號，分別為M-30及M-13。它齊發的火箭破壞力極強，可以重挫敵軍的士氣。火箭發射架安裝於輕裝甲的卡車之上，因此它和大多數蘇聯武器一樣，既易於製造和維護，但具有強大的殺傷效果。卡秋莎的一個基本編組有八輛火箭發射車。

戰防砲一直是紅軍的軟肋，直到一九四三年夏末，紅軍的反戰車部隊才開始裝備五十七公厘的ZiS-2戰防砲。在此之前，他們一直使用一九三二年設計的四十五公厘火砲，儘管它於一九四二年及一九四三年進行了改良，此型火砲仍完全無法勝任反戰車任務。俄軍更為倚重的是十四‧五公厘PTRD戰防槍，它能夠貫穿德軍一些舊型戰車的薄弱裝甲。紅軍還使用了經過特殊訓練的狗，在背上捆綁炸藥之後命地鑽入德軍戰車的底部，引爆後往往會對戰車造成重大傷害，當然，對這隻爆破犬也一樣。

紅軍步兵部隊主要為「步兵」，而且以「步槍師」（rifle division，編按：蘇聯稱步兵師為rifle division，與西方國家常用的infantry division略有不同。本書中文統一稱為「步兵師」）的方式賦予番號，一個滿員的步兵師擁有九千多名官兵。精銳的近衛步兵師編制更大，組建時往往超過一萬名官兵。引人注目的是，在一九四三年

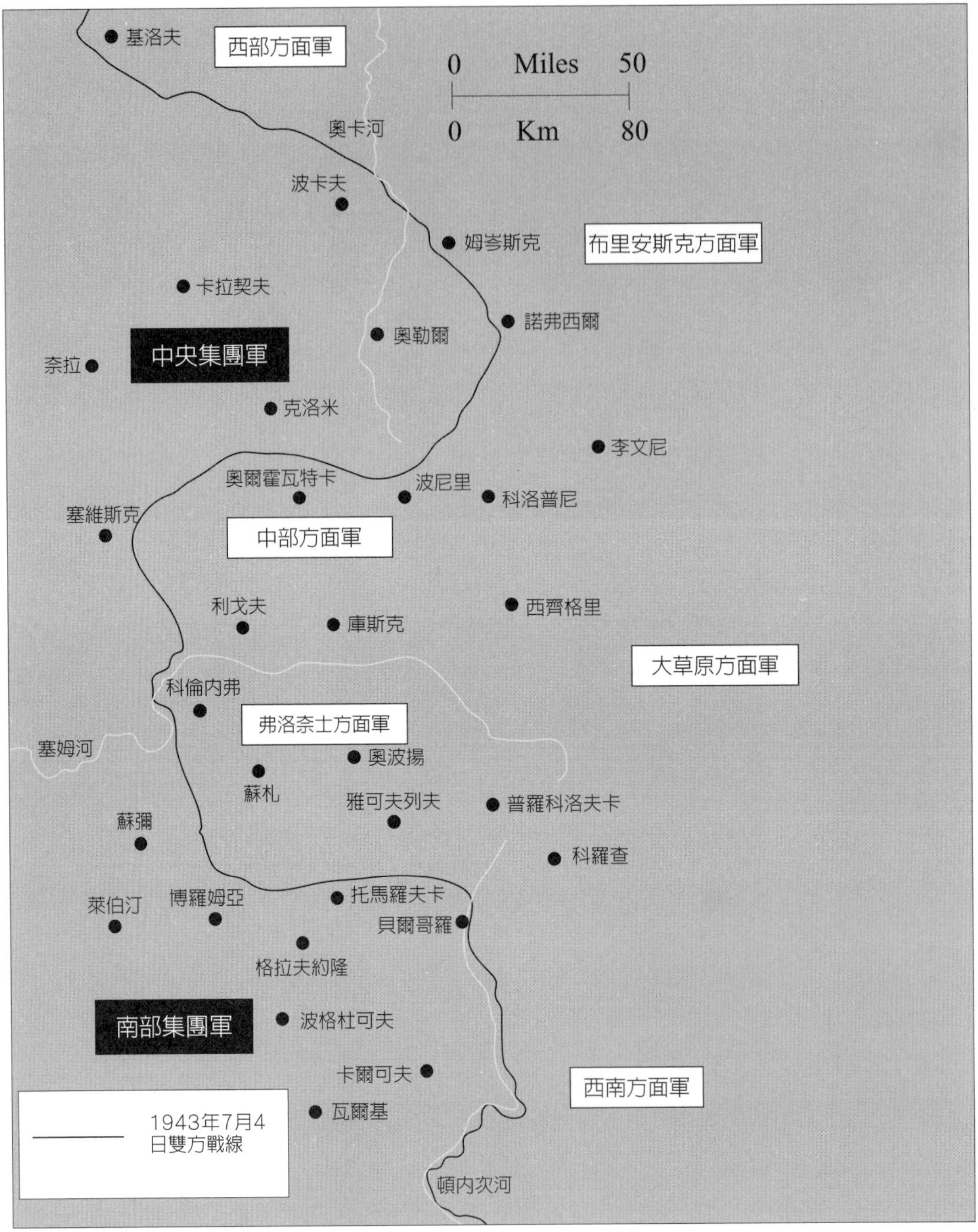

基洛夫

西部方面軍

0　Miles　50

奧卡河

0　Km　80

波卡夫

姆岑斯克

布里安斯克方面軍

卡拉契夫

諾弗西爾

奈拉

中央集團軍

奧勒爾

克洛米

李文尼

奧爾霍瓦特卡

波尼里

科洛普尼

塞維斯克

中部方面軍

利戈夫

西齊格里

庫斯克

大草原方面軍

科倫內弗

弗洛奈士方面軍

塞姆河

奧波揚

蘇札

雅可夫列夫

普羅科洛夫卡

蘇彌

科羅查

萊伯汀

博羅姆亞

托馬羅夫卡

貝爾哥羅

格拉夫約隆

南部集團軍

波格杜可夫

卡爾可夫

西南方面軍

瓦爾基

1943年7月4
日雙方戰線

頓內次河

↑在一系列旨在強化德軍防線、重創紅軍以延緩蘇聯反撲的有限攻勢中，「衛城作戰」是最為重要的一個。德軍希望利用這次行動消滅兩個蘇聯方面軍，將德軍的防線縮短120公里。

七月，紅軍大多數步兵師都保持在這個水平。但是在蘇聯參謀本部對於庫斯克會戰的研究中證實，很多部隊都是藉由招募新兵、收編後方梯隊以及傷員歸隊而得到補充。以弗洛奈士方面軍為例：

「因此，對解放領土的適齡人口進行動員之後，弗洛奈士方面軍補充的兵員有百分之二十七來自於這些新招募的新兵，百分之九來自於從軍隊和前線醫院康復歸隊的傷員，百分之三十三來自於後方適合服役的民兵，另有百分之三十一來自於強行徵召兵（常見入伍的方式）。」除了擴大兵源以外，蘇聯還動員了為數眾多的平民構建遍佈在前線陣地的戰壕、反戰車壕、掩體、砲陣地等防禦工事。到一九四三年六月，大約共有三十萬平民──絕大多數為婦女和兒童──在軍隊工兵的指導下發狂似地在各條防禦線上工作。

他們所建立的防禦網絡以雷區和反戰車陣地為主，規模之大令強大的敵人也不敢輕舉妄動。一個典型的反戰車火力據點包括一個配有戰防槍的反戰車連或營、一個攜帶炸藥的工兵排、以及配有六門火砲和兩三輛戰車或自走砲的戰防砲連。較重型的德軍戰車由刻意部署的八十五公厘防空砲對付，一二二公厘及一五二公厘榴彈砲則是提供迅速而猛烈的直接火力支援。另外，一些火力據點將T-34埋在地下掩體，只露出砲塔。防守這些陣地的部隊都受過對付新型德國戰車的特殊訓練，能夠協同一致地摧毀虎

←音樂伴你工作！大批平民被動員來修建家園附近的防禦工事。勞動者大多為婦女及尚未應徵召入伍的少年。

圖中的軍官們身穿1943年發放的新制服，衣服上附有備受爭議、沙皇軍官團曾使用的肩章。這群來自不同兵科的軍官，正專心傾聽一名親衛軍解說弗洛奈士方面軍複雜的防禦帶。

↑由於軸心國部隊殘酷鎮壓游擊隊的行動，激起許多平民逃至鄉下，加入已成燎原之勢的游擊戰中。他們裝備著紅軍所提供的或繳獲的武器，游擊隊對於1943年蘇聯的勝利的貢獻，至今仍未獲得全面的估量。

→俄軍的情報蒐集工作從未停歇。這些蘇聯偵察部隊穿著專門的偽裝服，押著一名剛剛捕獲的德軍。他們經常會去捕抓俄國人稱之為「舌頭」的人，這些為特定目的而逮捕的俘虜逼供後即可得到情報。

式戰車及攻擊對方弱點。就如赫魯雪夫（Nikita Khrushchev，時任弗洛奈士方面軍的政委〔Political Commissar〕）所說，所有人都得熟習這些戰法，熟得像共產主義時代之前的主禱文一樣。

蘇聯計劃制訂者所指出的較難防守區域，就使用「反戰車防線」（Pakfronts）填補，首先將多達十二座戰防砲埋在掩體隱藏起來，然後用雷區將敵軍裝甲部隊引入集火射擊區。三四個這樣的火力據點聯合起來負責一條敵軍接近路線，形成一片反裝甲地帶。步兵團組成三或四個這類火力據點，每個師便有九至十二個。幾千里長的戰壕將這些火力據點串連起來，以保護步

兵、機槍手及工兵。這方面的數據，可參考蘇聯政府研究庫斯克作戰時所記載的弗洛奈士方面軍的數字：

「從四月一日至七月一日，僅弗洛奈士方面軍就完成四千二百公里（二千六百一十英里）的戰壕、交通壕及深溝……另外還設置了大約五百公里（三百一十英里）的反戰車障礙物。」

弗洛奈士和中部方面軍建造的大規模防禦工事如下：

「在準備作戰的三個月中（四至六月），中部方面軍和弗洛奈士方面軍共完成了三條軍團防禦帶（army defensive belt）、三道主陣地防線（principal front defensive line），以及幾個中繼與脫離陣地。

「因此，沿著預想的敵軍接近路線，多達六道防線依序構成了縱深（馬洛阿格爾斯克和西齊格里〔Shchigry〕屬於中部方面軍，貝爾哥羅和奧波揚在弗洛奈士方面軍防區。這條防禦系統最弱的位置在中部方面軍及弗洛奈士方面軍交界處，位於庫斯克突出部的高地。此處的第一道防線距離後方的軍團防禦帶有六十公里（四十英里），而在突出部的其他區域，任兩條防線

↓游擊隊員正在審訊一名德軍俘虜。這張照片是典型的蘇聯粗糙宣傳照，很明顯是刻意安排的。比如，所謂的「俘虜」身上的鐵十字勳章的位置不對，而且，為什麼這些人要以斜坡為背景？

的平均距離不超過十五至二十公里（十二至十七英里）。」

俄軍盡其可能地善用地形優勢。普塞爾河（Psel）、塞姆河（Seim）、斯瓦帕河（Svapa）、北頓內次河（Northern Donets）、蒂姆河、凱聖河（Kshen'）以及頓河都被整合入防禦體系之中，即使它們整體上並不寬——略大於一百三十公尺（一百碼），並且最深處僅三公尺（十英尺）。許多河流的河岸泥濘不堪，這同樣有利於俄軍的防禦。突出部的北部多山而崎嶇，地面海拔高達二百九十公尺（一千英尺）；此外，這地區深谷縱橫，地形零散破碎，大多深達四十至七十公尺（一百至二百英尺），這些都極利於守方。

在地雷的運用上——包括人員殺傷雷及戰防雷，俄軍展現出了極為致命的天賦。成千上萬顆地雷，安善地安置在敵軍戰車通往砲兵殲敵區的道路上。任何看上去能夠提供掩護的地點都被埋放了地雷，將

←爆破犬，紅軍所測試的一種相當少見的反戰車「武器」。這些狗並無特定的品種，在經過特別訓練之後，就背負炸藥躍入來襲的德軍戰車底下。炸藥能夠輕易炸穿戰車的底部裝甲，令戰車癱瘓，但狗的命運也可想而知。

↓女兵在戰爭中所扮演的重要角色之一是指揮交通。圖中穿著考究的交管軍官站在她的亭哨前。亭哨上掛著二戰時期蘇聯外交部長莫洛托夫（Molotov）的畫像。左邊的士兵正用杯子盛接熱水。

↑混和穿著軍服與平民服飾的女游擊隊員，因拍照的緣故輕鬆了一下。儘管她們的主要任務仍然是傳統的女性事務，比如做飯、照顧傷兵和孩子，但在情勢需要時也得與男兵並肩作戰。圖中她們所攜帶的武器是廣泛使用的PPSh及納干手槍。

使尋求掩蔽的步兵造成重大傷亡，而且對敵軍戰車也佈下了類似的陷阱。

　　俄軍佈下的地雷數量驚人。在第6近衛軍團的防區，每英里就埋設了高達二千四百顆戰防雷及二千七百顆人員殺傷雷。在俄軍的第一道防線上，兩類地雷總數各達六萬九千六百八十八顆及六萬四千三百四十顆。雖然在第二道及之後的防線，地雷的密度急劇下降，但引導來襲戰車的基本原則沒有被忽視。僅弗洛奈士方面軍的防區沿線，就埋下了六萬顆各型地雷。有意思的是，蘇聯軍事分析家在會戰之後計算出，在前線需要三百五十至四百顆地雷才能炸毀一輛戰車，而在後方區域卻只需要一百二十至一百五十顆。這種差異的產生原因很明顯，那是因為「我軍後撤時所佈的地雷，都是鋪設在早已預定好的道路沿線，但是敵軍戰車不會去碰陣地前緣的那一大片雷區。」

　　俄軍防線的總長度將近四百五十公里（三百英里），但縱深卻將近一百九十公里（一百一十英里），粗略分成八條防線。橫跨突出部「頸部」的防線由大草原軍區負責，在這裡又佈置了另一條沿頓河至弗洛奈士北方和南方的防禦地帶。超過二萬座火砲及迫擊砲、六千門戰防砲和幾百輛「卡秋莎」火箭發射車散佈在紅軍密集的防禦區域中。

　　俄軍各兵種士兵也接受了即將派上用場的防禦戰技訓練。這是紅軍備戰工作的一個重要事項，因為部隊中有為數眾多的新兵，他們大多毫無經驗，緊張不安。步兵部隊每兩天訓練一次，其中一天用來修

築防禦工事。他們的訓練重點和其他兵種部隊一樣，在於「克服士兵對戰車的恐懼；熟練運用戰防槍、手榴彈和「莫洛托夫雞尾酒」（Molotov Cocktail，編按：即汽油彈）；並使他們能夠勇敢地對抗尾隨敵軍戰車的步兵，迫使敵軍步戰分離之後，再殲滅步兵。」

　　在同一時候，戰車兵則是演練夜行軍、防禦射擊及沿既定路線實施逆襲，並與步兵進行步戰協同操演。戰鬥工兵（Sapper）部隊負責訓練新組建的部隊如何安置和移除地雷及可移動障礙物，模擬實際戰況下進行這類作業。化學戰的訓練

也沒有被忽視，操練部隊會戴著防毒面具長達八個小時。

　　預估的德軍進攻日期一天天接近，一些紅軍高層將領又重提先發制人的論調。但是朱可夫的觀點再次佔了上風，防禦準備工作仍繼續進行。希特勒希望推遲「衛城作戰」的發動日，以便提供更高的成功機會，殊不知這正中紅軍下懷。紅軍每天都分秒必爭地向突出部傾注人員和物資。大自然也向蘇聯伸出了援手，植被的生長掩蓋了土堆，遮住了戰壕，幾百個安放了假砲的陣地因此令人真假難辨，使紅軍毫不費力的達到偽裝的目的。弗

↑人數較多的游擊編隊有特派的政委來指導他們的政治思想。圖中游擊組織的政委正隨意地捲著一支煙。右邊的一名游擊隊員拿著一支改裝過的德國毛瑟步槍（Mauser），可裝入盒式的彈匣。改造兵器在游擊隊中是很普遍的現象，一些游擊隊組織甚至還為此建立了地下工廠。

洛奈士方面軍對於偽裝工作的準備描述如下：

「專門的工兵部隊做了以下措施：預先製造了八百八十三輛假戰車及二百二十架假飛機；組成三個假的戰車聚集區，每區安放九十五輛假戰車；建造十三個放置了假飛機的假機場。」

打從俄軍採行防禦意圖消納德軍攻擊衝力的那一天起，就注定了這是一場消耗戰。雙方交戰地點大多是在臨近建築物地區的鄉野，那是散佈著麥田與向日葵田的草地。這類地形極適合戰車作戰，但對於德軍戰車來說，它們必須先突破蘇聯的防禦地帶後才能完全發揮這種優勢。

蘇聯空軍

和地面部隊一樣，蘇聯空軍在庫斯克的備戰也取得了重大進展，俄軍部署了大量的伊留申Il-2（Ilyushin Il-2 Shturmovik）裝甲對地攻擊機、拉瓦奇金（Lavochkin）La-5FN戰機及雅克列夫（Yakovlev）Yak-9戰鬥機。但是，儘管德國空軍在數量上不如俄軍，並且深受燃料短缺之苦，但做為一支空中武力它仍然居於上風，主要歸功於德軍的早期預警雷達「芙芮亞」以及飛行員的高超技術。儘管如此，雖然被擊落的蘇聯戰機不計其數，德軍已經不再握有東線戰場的空中優勢了。

↓三代游擊隊員：一個掛著勳章的一戰老兵，和他的女兒及孫女。在庫斯克開打前的幾個月，由於游擊隊的人數越來越多，其作用也越來越明顯，莫斯科因此加強了對游擊行動的控制。

第三章
作戰首日

隨著德國在突出部南北兩方展開一連串猛攻，庫斯克之戰拉開了序幕。但德軍地面指揮官很快便發現，敵軍的防禦完全超乎他們的想像。

　　在五月和六月的幾個星期裡，蘇聯游擊隊在中央集團軍後方地區的行動益加頻繁，紅軍空軍也是頻頻出動。數以百計的火車頭及上千輛車廂遭到摧毀或損壞。軸心國控制游擊隊的努力收效甚微，反而更加深了與當地居民的緊張關係。搭乘越來越不安全的鐵路奔赴前線的德軍，瀰漫著一股緊張與憂慮，這種情緒並沒有因他們展開行動而消解。他們所能做的，只是坐在戰壕中，揣度著他們的命運。

　　在幾經推遲之後，希特勒於六月二十五日宣佈，「衛城作戰」將於七月五日凌晨發動。七月四日，即行動前夕，他簽署了當日的命令，要求宣讀給部隊之後銷毀。

　　「士兵們！今天你們將發起一場偉大的攻勢，它的結果將對這場戰爭產生決定性的意義。你們的勝

↑圖中的德軍裝填手正在給一門76.2公厘戰防砲裝填砲彈，彈回的空彈殼散落一地。它的暱稱「咻砰砲」是得名於射擊及命中時所發出的聲響。德國陸軍給予這款蘇聯製武器相當高的評價，很多俘獲的這類戰防砲都分發給部隊使用，因為正當德軍苦於缺乏自己的反戰車武器之時，它們卻能擊毀T-34戰車。

利，絕不只是再一次使全世界深深體會到德國軍隊所向無敵、任何反抗都是螳臂擋車而已……到現在為止，主要是由於敵軍的戰車，幫了他們取得一些勝利。今天早晨將發動的猛烈攻擊，必須一舉動搖他們的根基。你們要記住，一切都仰賴於這次行動的成功。」

　　蘇聯已經收到「露西」的警告，德軍將於七月三日至六日發動攻擊，但沒有提到確切時間。羅柯索夫斯基和范屠亭立即命令各自的方面軍部隊全面警戒。前線士兵收到指令，要密切注意所有德軍動向，尤其是掃雷行動。如今雙方部隊所能做的，就是坐在戰壕中，等待即將揭曉的慘烈戰事。紅軍與敵軍一樣，都可感覺到緊張的氣氛正瀰漫在暑夏的炎熱空氣中。

　　蘇聯第一道防線的前哨，特別能感受到這種緊張的氣氛。這些陣地被俄軍稱之為「戰鬥警戒點」，因為他們將最先注意到德軍在前線的舉動，並向俄軍提出警告。他們滿佈血絲的疲累雙眼將看到德軍由隱蔽處衝出，在滿天塵土中一邊開火一邊向他們逼近。這些前哨的任務就只是拖延時間，好讓主力防禦部隊清醒過來各就定位，達成這項任務後，若是尚未在初次交鋒中陣亡，他們便後撤。戰爭進行到如今這個階段，俄軍已相當熟悉德軍攻擊發起初期會使用的戰術，那種成功的作戰模式曾在開戰頭幾年獲得了巨大的收穫。紅軍指揮官推測德軍將以小部隊悄悄滲透前哨──通常是偵察營，並且與同行的工兵探

←庫斯克會戰第一天，「希特勒近衛」師的三號突擊砲及Sd Kfz 251裝甲運兵車正快速行進。在黨衛軍旅隊長提奧多‧魏許（Theodor Wisch）的領導下，「希特勒近衛」裝甲師勢如破竹地突破了第151近衛步兵團的陣地。

↑可能隸屬於「骷髏」師的黨衛軍裝甲擲彈兵，乘坐在一輛三號戰車上。保羅・豪賽爾的第2黨衛裝甲軍力量十分強大，擁有約三百五十六輛戰車及九十五輛突擊砲，並得到了一個六管火箭發射器旅的火力支援。

勘並清除雷區。一旦接觸到第一道防線的守軍，德軍偵察兵就停止推進，接著主攻部隊就會移動至攻擊發起位置。當所有士兵及戰車各自就位後，德軍砲兵就開始射擊。令俄軍高興的是，這回德軍並沒有變更往常的進攻模式。

七月四日，蘇聯獲得的各類情報已表明敵軍的攻擊迫在眉睫。一個德軍工兵排的斯洛凡尼亞逃兵在審訊中吐露，他的部隊奉命在雷區開出一條通道並且清除鐵絲網。另外，他們配發了可維持五天的伏特加酒和口糧，而攻擊發起時間定於七月五日凌晨三時。這個情報與突出部的南翼有關，而七月四日下午，德軍開始調動部隊，證實了這

場風暴即將來臨。位於突出部南方、隸屬於第48裝甲軍的幾個營開始實施威力偵察（譯者註：以相當規模的攻擊，查明敵軍位置和兵力），對俄軍第52近衛步兵師（隸屬弗洛奈士方面軍）展開攻擊。

德軍陷入激烈的混戰，對於後續的戰事是種不祥的先兆。雖然在晚間九時，「大德意志」師的擲彈兵、第11裝甲師及第3裝甲師擊退了蘇聯的前哨部隊，不過著實費了好一番功夫。下一階段，也就是第48裝甲軍如今開始進行集結。「大德意志」裝甲擲彈兵師的燧發槍團（fusilier）及擲彈兵團，將由該師的裝甲團和第10裝甲旅的豹式戰車提供火力支援。在「大德意志」師

的左右兩側的第3裝甲師和第11裝甲師，也盡可能安靜地各自開始進行集結。

　　凌晨一時十五分，第2黨衛裝甲軍開始實施威力偵察，不到兩個小時就完成了任務。戰車和人員再次進行集結，但受到一場雷雨的妨礙。狂瀉而下的大雨使這一帶著名的「黑土」（Black Earth）變得泥濘不堪，堵塞了許多車輛的履帶及車輪。

　　第48裝甲軍及第2黨衛裝甲軍的兩軍交會點由第167步兵師負責。「希特勒近衛」黨衛師的右翼

是「帝國」黨衛師的戰車部隊，而這些戰車的右邊則是豪賽爾麾下黨衛裝甲軍的第3師──「骷髏」師。再往東南，紅軍在北頓內次河東岸的陣地使德軍偵察部隊無功而返。此外還發生一件不利德軍的事，那就是在第3裝甲軍所屬戰線進行偵察時，第168步兵師的一名被俘的步兵供出了德軍主攻時間是在七月五日黎明。俄國的夏天黎明來得很早，約在凌晨三時至四時。范屠亭此時已確定關鍵時刻即將到來。紅軍參謀總長及紅軍參謀本部在突出部南翼的代表法希里夫斯基

↑儘管由於空中力量的崛起，裝甲列車的重要性逐漸式微，但它們仍然能夠形成某種程度的火力支援。為了統一武裝及彈藥供應，後來的型號都使用了淘汰下來的戰車砲塔。

↑面對德軍虎式戰車的重裝甲，俄軍快速又有效率地回以一種新武器：SU-152。被暱稱為「動物獵殺者」的SU-152，只不過是將ML-20 152公厘榴彈砲安裝在一個裝甲厚重的上層結構，然後再配上KV-1戰車的底盤。圖中的天線表明這是一輛指揮官座車，因為當時蘇聯戰車部隊還很少使用無線電。

←一位紅軍戰士站在一門野戰砲之前，臉上的神情揉雜著焦慮和堅決。當破曉時刻來臨，他就要操作這門野戰砲抵抗入侵庫斯克突出部的德軍。

↓在庫斯克前線附近的德軍砲兵陣地。在7月5日起初的幾個小時裡，紅軍砲兵對已知的德軍砲兵陣地進行了砲轟，使得正準備要支援攻勢的德軍砲兵陷入一片混亂。

↑沿用了數百年的風車原始技術，和這類幾哩內爆發的機械化戰爭十足是個鮮明的對比。這類建築是相當明顯的觀測點，不可避免地將引來敵軍的火力。任何一支部隊在消除敵方有利因素時都不會手軟。

（A. M. Vasilevsky）元帥，批准范屠亭以砲兵先行射擊，並向朱可夫——紅軍參謀本部在突出部北翼的代表——通報這件事。

德國的攻擊前準備射擊

在突出部的北方，摩德爾並沒有閒著。在七月四日晚間的大多數時間裡，整個第9軍團都忙著掃雷及進行偵察。在此過程中，俄軍的戰鬥巡邏隊幸運地發現一支德軍工兵，交手後活捉了一名俘虜，第6步兵師准下士布魯諾（Bruno Fermello）。他供出主攻時間定於一九四三年七月五日凌晨三時，令俄軍高層對於「衛城作戰」發動時間所殘存的最後一絲懷疑一掃而空。這情報迅速傳到朱可夫手中，朱可夫立即命令羅柯索夫斯基搶先進行一次砲擊，接著又向史達林報告戰爭即將開打。史達林已與法希里夫斯基通過話，他同意了朱可夫的決定，指示他要定期回報情況。

弗洛奈士方面軍的砲兵於凌晨一時十分開火，中部方面軍則於二時二十分開火。史達林在二時二十分後不久就打電話給朱可夫詢問情況。砲擊目標早已定好，全是事先已知或可能的德軍集結點和砲兵陣地。蘇聯砲兵的成果不得而知，但這場砲擊無庸置疑地造成了德軍的混亂。在得知俄軍的反制措施之後，德軍陸總部的反應是推遲中央集團軍進攻時間兩個半小時，南方集團軍三個小時。因此在攻勢開展之前，德軍已經因敵軍突出其來的行動而手忙腳亂，被迫更改計劃。

這種情形在接下來幾天中不斷地重複發生，給希特勒及他的將領們一個不祥的徵兆。

除了火砲射擊以外，俄軍還發動了大規模的空襲，目標是地面上即將起飛的德軍戰機，因為此刻它們正滿載燃油和彈藥，卻又毫無還手之力。由於缺乏夜戰能力，俄軍轟炸機直到天亮才出發，在二千一百三十三至三千零四十八公尺的高空以密集編隊殺向德軍機場。蘇聯第2及第17航空軍團負責這項任務，總計出動了四百一十七架戰機。

但是，德軍最近安裝的「芙芮亞」（Freya）雷達系統提前發出了預警，使德軍有足夠的應變時間。在蘇聯轟炸機造成巨大傷害之

↑只要仔細地與圖中的士兵作對比，即可清楚看出這道反戰車壕的深度。茂盛的野草為反戰車壕提供了理想的天然為裝，使之到最後一刻才會被發現。一條如此簡單的反戰車壕卻使得不少粗心德軍戰車駕駛「一失足成千古恨」。

↑ML-20 152公厘火砲的砲手正在填寫入黨申請書。只有具有共產黨黨籍的士兵在戰場上陣亡，他的家屬才會得到通知。這種情形促使紅軍士兵紛紛在上前線之前就遞交入黨申請書。

→→這些PBHM式1938型迫擊砲的砲手正在等待開火的命令。紅軍相當重視迫擊砲的功用，看待它們有如火砲一般。它們製造簡單、維修方便、操作容易並且靈活機動，非常適合用於近距離火力支援。

前，德軍緊急升空了一批夠用的戰鬥機進行攔截。俄軍宣稱這些攻擊突出部南方敵軍機場的空襲炸毀或炸傷了六十餘架飛機。德軍則是宣稱在南部地區，第一天就擊落了四百三十二架敵機。從蘇聯參謀本部對庫斯克之戰的研究來看，負責中部方面軍作戰區域的蘇聯空軍是直到德國空軍出現後，才開始出動：

「在防禦作戰的初期階段，我們的空中行動因情況而異，無計劃可言。」這段話輕描淡寫，不過飛行員當時收到的命令是，他們應當「在敵機出現在我領空時與之交戰」。蘇聯飛行員或許遵守了命令，不過是遵照它的表面字義，而非其含意。

在此行動後，德國陸總部確定蘇聯已經洞悉德軍的意圖，「衛城作戰」的前景恐怕不容樂觀。但此時重新評估形勢已為時過晚，不論

是好是歹，「衛城作戰」已不容再次推遲。

在蘇聯砲火轟擊停止之後，德軍於四時三十分開始攻擊前準備射擊。砲火持續了八十分鐘，砲彈都落於蘇聯防線的頭四公里（二・五英里）範圍之內。蘇聯的砲兵使用各種型號和各種口徑總計九百多種武器，在五分鐘後展開了反砲兵射擊（counterbattery fire），為時三十分鐘。伴隨著砲轟，德國空軍也是頻頻出動。爆炸的刺耳聲、砲彈的呼嘯聲、斯圖卡戰機俯衝時有如女妖的呼號，這些恐怖的聲音必定令新近入伍的蘇聯士兵繃緊神經幾乎崩潰。然後，五時三十分，第一波德軍地面部隊開始行動，步兵在小批戰車的緊密支援下向前推進。發起首輪進攻的是位於第9軍團右翼、由弗里斯納（Freissner）指揮的第23軍。此次進攻目標是第13軍

↑讓人啼笑皆非的奇想：將PTRD（左）及PTRS（右）戰防槍用於防空。這些砲手要是真能打下任何比觀測氣球更快的東西，恐怕都很難令人相信。

↓準確的觀察對砲兵的精確射擊相當重要，尤其是在兩軍近距離交戰之時。這些前進觀測官正使用雙筒望遠鏡及一個立體鏡式測距機查驗砲彈的落點，一名通信兵通過有線電回報結果。他們都是一個近衛砲兵單位的成員。

←一名KV-1戰車部隊的
指揮官，正躲在偽裝網
下觀察周邊是否有任何
德軍戰車出現。這種偽
裝網對於四處巡遊的德
國空軍對地攻擊機可以
說是毫無效果。

↓本頁的圖片都從描述
「大德意志」裝甲擲彈
兵師在庫斯克會戰中
的一系列照片精選出來
的。車後的德軍鋼盔上
有該師的徽章。

團及第48軍團的交會處，旨在將俄軍的注意力從更西邊的主攻方向移開。德軍迅速感受到了蘇聯防線的強度。人員殺傷雷造成了第78、第216及第38步兵師不少傷亡。面對如此堅強的陣地，即使擁有空中密接支援及裝甲部隊仍是寸步難行，德軍朝他們的目標馬洛阿格爾斯克鎮方向，頂多只推進了一・五公里（一・二英里）。

摩德爾麾下的第47及第41裝甲

軍所執行的主攻任務則獲得了較大的成果。在第一波進攻中，摩德爾只投入了第20裝甲師，該師所屬的三號及四號戰車緊緊伴隨著工兵，等著他們在要命的雷區中開出一條通道。上午九時，第20裝甲師已經抵達波布利克村（Bobrik），撕開俄軍第15步兵師的防禦，深入防線大約五公里（三英里）。近午，第五〇五重戰車營的虎式戰車已經攻下了布提基（Butyrki），並威脅到俄軍第81步兵師的側翼。使用象式戰車的第653重型驅逐戰車營沿著往南至波尼里（Ponyri）方向的鐵路線，取得了進一步的深入突破。另一支象式戰車部隊取得了更大的成功，他們控制了亞歷山德羅夫卡（Alexandrovka），但是卻與支援的步兵失去聯繫。

波尼里的砲戰

由於第13軍團不斷告急，羅柯索夫斯基派出兩個反戰車旅、一個砲兵旅，以及方面軍預備隊中的第21獨立迫砲旅（裝備八十二公厘及一二〇公厘迫擊砲）前往增援。第13軍團指揮官普寇夫（N. P. Pukhov）也投入自己軍團的預備隊，第27近衛戰車團、機動障礙物特遣隊及戰鬥工兵，以頂住德軍步兵向波尼里的推進。羅柯索夫斯基也出動了三百五十架戰機，支援普寇夫的地面部隊。德軍第6步兵師師長說：「此次蘇聯戰機的數量是我們在東線前所未見的。」

下午，第15步兵師被打退至波尼里西邊的山脈一線，這次撤退使

←←在華特・霍尼利恩（Walter Hoernlein）中將的帶領下，「大德意志」裝甲擲彈兵師是一支名副其實的精銳部隊。它擁有自己的裝甲團，裝備了一百三十二輛戰車及三十五輛突擊砲。它是克諾貝斯多夫（Otto von Knobelsdorff）中將所率領的第48裝甲軍的一部分。

←←7月5日凌晨的幾個小時裡，俄軍與德軍的砲火映亮了前線的天空。在這幅畫中，紅軍的工兵正冒著砲火在第一道防禦帶後方進行著需謹慎處理的佈雷行動。注意右側有挺DP輕機槍。

↑7月5日清晨，一個德軍火焰放射器小組正衝向戰場。火焰放射器用來對付戰壕及碉堡裡的敵軍特別有用。德軍部分戰車部隊也使用這種兵器。

←德國步兵正在架設一門GrW 34 （Granatwerfer 34） 81公厘迫擊砲。這型迫擊砲堅固、可靠並且精確，操作過的士兵都給予好評。德軍一個步兵連的迫砲排一般配有六門81公厘迫砲。

↑一群神態悠閒的德國戰俘，大多為飛行員及空勤人員，正無所事事地等待著被敵軍審訊。他們之所以顯得一派輕鬆，無疑是相信德軍裝甲部隊在不久之後，就會順利解救他們。

↓紅軍使用兩款戰防槍。圖中所示的是較為複雜、使用彈匣給彈的PTRS，用來取代結構較為簡單、使用手動槍機的PTRD。兩種戰防槍的口徑均為14.5公厘，這兩種都需要雙人操作，性能上也沒有太大的區別。

↑第4裝甲軍團指揮官赫曼‧霍斯上將（前）。這位普魯士貴族軍官麾下擁有德軍在庫斯克最出色的幾支部隊，其中包括「大德意志」裝甲擲彈兵師。

↑這些紅軍士兵正準備進行反戰車作戰。陣地的後方是一挺PTRD戰防槍。這種武器對大多數戰車沒有什麼效果，但還是可用來攻擊一些輕裝甲車輛。持衝鋒槍的士兵右邊的武器是RPG-40反戰車手榴彈，如果扔至戰車引擎蓋或打開的艙口內，將具有巨大的殺傷力。

第17軍團的右翼暴露了出來。第17軍團最東面的部隊第132步兵師，也被迫後退。前進的德軍最終被雷區及砲火攔住了腳步。在哥利亞（Goliath）遙控爆破車的協助下，象式戰車突入馬洛阿格爾斯克附近的防禦地帶，不過在那裡受到蘇聯

第129裝甲旅的阻擊。蘇聯工兵冒著輕兵器的掃射，僅在戰線的這區段就成功地埋置了六千顆新地雷，給摩德爾的戰車和步兵造成了更多的混亂。一位德軍官兵對於蘇聯步兵戰術的評價恰如其分：

「蘇聯步兵面對轟鳴而至的虎

此，前面的戰車車長還以為勝券在握時，防區各處都爆發激烈戰鬥。

「戰車和突擊砲不得不回頭解救裝甲擲彈兵……到晚上，裝甲擲彈兵已經筋疲力盡，而戰車及突擊砲也耗盡了燃料。」

各處的裝甲部隊都深入到蘇聯防線之中，但全被孤立了起來。他們察覺必須掉頭去與失去聯繫的支援步兵會合。七月五日晚上，摩德爾的部隊在波尼里以西突入蘇聯的第一道防禦地帶達八公里（六英里），正面寬度接近十五公里（十二英里）。但是，德軍因此也損失了其百分之二十的裝甲部隊，投入的三百輛戰車和突擊砲大約損失二百輛，傷亡人數更是逼近兩萬。德軍第9軍團司令部以審慎樂觀的態度來看接下來的戰事：第一天戰況良好，儘管紅軍的抵抗非常頑強，其陣地也正如摩德爾的偵察兵所報

↑ 庫斯克戰場上第2黨衛裝甲擲彈兵師「帝國」的虎式戰車。該師師長是黨衛軍中將（SS-Gruppenführer）華特・克羅格（Walter Kruger），這支部隊是第2黨衛裝甲軍的三個師中戰鬥力最強的部隊，共擁有一百四十五輛戰車和三十四輛突擊砲，該師的先鋒部隊是第2黨衛裝甲團。

式及象式戰車並沒有驚惶失措……他們用了一切方式來消除部隊對戰車的恐懼，這樣的結果是理所當然的。」這名官兵又說：

「俄軍士兵讓我們的戰車駛過偽裝好的散兵坑，然後才跳出來對付跟在戰車後頭的裝甲擲彈兵。因

告的那樣不易攻破。蘇聯所期待的消耗戰正在展開。一位評論家如是描述：

「敵軍對每一處的進攻都早有防備，每一處的防守都堅如磐石。對方早已預料到這次進攻，每一個蘇聯戰俘的供詞都能證實這一點。」

羅柯索夫斯基，根據戰鬥開打前幾個星期所制訂的計劃，下令隔天實施一次逆襲。逆襲的目標很簡單：重新奪回第一道防禦帶。攻擊由第17近衛軍及第18近衛步兵軍實施，第2戰車軍的第3和第16戰車旅提供支援。第19獨立戰車軍前往保護第17軍團受到威脅的右翼，而第9戰車軍，由位於庫斯克北方的方面軍預備隊中抽出，開赴能夠支援第2戰車軍的陣地。衡諸於他們眼前的德軍兵力，此計劃實在是野心過大。

第一天：南方集團軍

肯夫兵團及霍斯的第4裝甲軍團比「衛城作戰」原定時間晚了三個小時才發動進攻。第4裝甲軍團的主要目標，是於七月六日結束之前，在奧波揚南方的普塞爾河上奪得一個橋頭堡。

為完成這一目標，第48裝甲軍和第2黨衛裝甲軍兵分二路，沿兩條相互交匯的公路向前推進，這兩條路途經波克羅夫卡（Pokrovka，不可與普羅科洛夫卡〔Prokhorovka〕混淆）及奧波揚向北通往庫斯克。第48裝甲軍的即刻目標是切爾卡斯括葉村（Cherkasskoe）——皮那河（Pena）南岸上的俄軍第一道防禦帶的一個重要據點。「大德意志」裝甲擲彈兵師位於攻擊主鋒的中央，其左翼為第3裝甲師，右翼為第11裝甲師。這支戰車武力的左右兩翼分別為第332步兵師及第167步兵師。

第3裝甲師和第332步兵師的前方是紅軍第71近衛步兵師，經過激烈戰鬥後，俄軍被打退，德軍突入第一及第二道防禦帶。對俄軍來說幸運的是，德軍朝北而去，這使得第71近衛步兵師可以在原先的防線上建立向東的防禦陣地。入夜後，第3裝甲師已經抵達皮那河岸。

「大德意志」師於凌晨五時出發，由所屬的虎式戰車連做為先頭部隊，直撲切爾卡斯括葉。沒多久，位於「大德意志」師左方的第10裝甲旅（配備了二百輛豹式戰車）便不慎闖入蘇聯的雷區。這片雷區在一座遍佈沼澤的峽谷附近，因此不易被發現。陷入泥沼或觸雷癱瘓的裝甲車成了蘇聯砲兵的活靶，這正是在此埋設地雷的目的。砲彈如狂風暴雨傾瀉而下，由開放式照門瞄準發射的砲火造成了重大傷亡，尤其是德軍的工兵。在接下來的混亂中，德軍損失了大約三十六輛豹式戰車。這樣混亂的局面幾乎超出了德軍工兵可以處理的極限，他們瘋狂地連續工作了十二個小時，才清理出一條道路可使戰車繼續向前，去支援士氣頹靡的步兵。有意思的是，當戰車可以往前推進時，一個「大德意志」裝甲擲

彈兵師的砲兵軍官如此評論：

「我們的戰車呢？……它們陷在泥地裡動彈不得……突然之間戰車出現在我們後面，越來越多的戰車：它們的砲管很長，是一種全新的型號。哦，好耶，是新型豹式戰車！結果，戰車又遇上同樣的情形，我們的熱情隨即又跌到了谷底。」

歸功於第11裝甲師拚命進攻，撕裂蘇聯防線並抵達切爾卡斯括葉村，豹式戰車這才有機會從沼澤地中脫身。

「大德意志」裝甲擲彈兵師的虎式戰車連是裝甲楔子的尖鋒，硬是從俄軍防線殺出一條血路，將戰壕裡的敵軍留給後面跟進支援的擲彈兵負責。第67近衛步兵師抵擋不住德軍，邊打邊撤退出了他們的陣地。儘管得到了戰防砲及自走砲的

↑7月5日凌晨開始的砲火對轟持續了幾個小時。圖中的76.2公厘ZiS-3師屬火砲為1942型，比1939型多了一個砲口制退器和分離雙砲尾拖架。該砲的最大射程為13300公尺（14545碼）。這型火砲性能優異，直至20世紀七〇年代都仍不斷進行改良。

支援，該師仍然被迫退至皮那河一線——第90近衛師把守的相對安全的地帶。但是，蘇聯部隊凶狠而頑強的防禦出乎德軍意料，使霍斯的時程表大亂。至當日結束，第48裝甲軍的並未達成目標。

豪賽爾的第2黨衛裝甲軍在順利越過雷區之後，動用了三百五十六輛戰車和一百九十五輛突擊砲沿著主要道路殺向畢科夫卡（Bykovka）。除了黨衛師建制內的砲兵連之外，他們還得到了第8航空軍的戰機及一整個六管火箭發射器（Nebelwerfer）旅的火力支援。這款兵器是一種多管火箭發射器，能發射六支帶有二・五公斤（五・五磅）彈頭的火箭。三個黨衛師在右翼排成平行的梯隊。每個師擁有的兩個虎式戰車編隊，構成了裝甲楔子的尖端。他們的對手是久經沙場的第52近衛步兵師和第

↓圖中遠處是一輛癱瘓了的三號突擊砲，儘管它已突破俄軍第二道防禦帶，卻沒能闖過防不勝防的雷區。圖中的近景展示了庫斯克之戰中蘇聯步兵所使用的各種武器。最前面的機槍是沙俄軍隊在第一次世界大戰中所使用的1910式馬克沁（Maxim）機槍的蘇聯改良型。這挺常見的沙科洛夫（Sokolov）雙輪機槍，托座藏於散兵坑之下。

375步兵師，他們把守著這塊突出部最堅固的陣地，因為蘇聯領導層早就意識到在這裡他們將面對何種威脅。

　　當「希特勒近衛」師向畢科夫卡推進時，它遭遇了第五近衛迫擊砲團，後者擁有幾個連的「卡秋莎」火箭砲。「卡秋莎」的砲手減低地上的射擊坡（launch ramps）斜度，以開放式照門行直接射擊，後來這成為一種普遍的做法，許多地區甚至還刻意製造這樣的斜坡來產生這種效果。下午十六時十分，「希特勒近衛」師以迅雷不及掩耳之勢攻陷了畢科夫卡，同時接到新

的命令——繼續推進，突破「敵軍第二道防線，在普塞爾河對岸建立橋頭堡」。但是，由於遭遇堅強的抵抗，「希特勒近衛」師不得不於當晚停下來休整，以便「第二天清晨重新進攻」。「帝國」師在進攻初期一路凱歌，截斷了奧波揚至貝爾哥羅之間的道路，此時遭遇了勁敵第96戰車旅。「骷髏」師將第155近衛步兵團趕入第375步兵師右翼，但沒有能夠消滅它。

　　俄軍靈活的防禦使德軍未能如願突破貝爾哥羅北方的防禦陣地，這在接下來幾天使霍斯大為頭疼。然而，第一天結束時，霍斯的部

↑T-34/76戰車衝出它們的隱蔽陣地，殺入煙塵瀰漫的戰場。車身後方可以看到備用的外部油箱，裝在那位置成了這型戰車的致命弱點，因為那裡缺乏裝甲防護。夏季作戰中揚起的沙土和煙塵嚴重影響了戰車駕駛的能見度。

↑這輛滿載人員和裝備的重型火砲披掛著偽裝物，正駛向陣地。紅軍大多數火砲都是牽引式，最普遍的牽引機是美國卡特彼勒（Caterpillar）公司授權在蘇聯製造的史達林內茨（Stalinets）S-60。圖中的火砲的砲管使用防塵罩（chekol）保護，因為塵土侵入將會嚴重影響其作戰性能。

隊前進了大約二十公里（十六英里），突入了蘇聯的第二道防禦帶，並且在過程中將第52步兵師一分爲二。七月五日在最南部發起進攻的德軍部隊是肯夫兵團，它負有一個極爲重要的任務，那就是保護霍斯部隊的右翼。

在短暫的彈幕射擊之後，隸屬於肯夫兵團的步兵和戰車自貝爾哥羅附近的米哈伊羅夫卡（Mikhailovka）的橋頭堡出發，氣勢洶洶地越過北頓內次河。面對他們的是蘇聯第7近衛軍團，後者拚命死守，迫使肯夫重新部署第6裝甲師。

十一時，第19裝甲師突入北頓內次河對岸的蘇聯陣地，在當日戰鬥，第19裝甲師的裝甲擲彈兵將第228近衛步兵團擊退，然後讓該師的戰車開始過河。在下午稍早，第7裝甲師的第6和第7裝甲擲彈兵團設法突破了俄軍第78近衛師的防禦，在沿著六公里（四‧五英里）寬的高地殺到俄軍後方之前，投入了戰車部隊。這塊高地使德軍控制了頓內次河右方區域大約十公里（八英里）的面積。夜幕降臨時，德軍的橋頭堡範圍已達一‧五至二‧五公里的深及七公里的寬度（二至四英里深，十英里寬）。如此大的地域使肯夫有機會使用第6裝甲師，與其他裝甲部隊協同作戰。

第7近衛軍團遭受了慘重的損

失，但它的犧牲並非徒然，它拖延了肯夫兵團前進的腳步，結果使得霍斯及豪賽爾裝甲部隊的進攻出現了問題。他們與肯夫之間的距離越來越遠，導致他們的側翼空虛。於是，本來要用於進攻的部隊被迫調來保護越來越脆弱的東翼。但是，儘管戰鬥進展不如德軍計劃預期，突出部南方的戰局還不算太糟，德軍預期在接下來幾天裡將會取得更大的勝利。

在當天的戰鬥中，范屠亭的回應就是投入預備隊來阻擋德軍的進攻軸線。德軍推進的速度如此之快，使得俄軍的逆襲計劃墨印未乾就已作廢。因此，第1戰車軍團受令前往皮那河東岸一線，支援駐守當地的步兵；第5近衛戰車軍團移動至第51近衛步兵師後方的陣地；第31戰車軍留作快速反應部隊，以應付任何地區出現的威脅。在防線的其他地方，第93近衛步兵師前往

↓在庫斯克攻勢展開時的前幾個小時內，雙方的空戰規模是二次世界大戰中最大的一場。這場空戰從人數和機械數量來看，都標誌著俄國空軍的時代已經來臨。俄國空軍享有極明顯的數量優勢，在庫斯克的成功，證明了蘇聯飛行員在心態上已對自身的能力更有信心。

↓蘇聯步兵在7月5日下午展開反擊，7.62公厘的狄提亞洛夫（Degataryev）輕機槍為他們提供掩護火力。這型機槍被戲稱為「電唱機」，因為它的彈倉有如唱片安裝在頂部。本圖顯示出了戰場上乾燥且塵土飛揚的情形，這對士兵的忍耐力及裝備的耐用性都是一種嚴苛的考驗。在戰鬥中，飲水變得與彈藥一樣珍貴。

普羅科洛夫卡西南邊、李波維頓內次河（Lipovyi Donets）以東的地方建立防禦陣地，防止德軍第2黨衛裝甲軍及肯夫兵團會師。范屠亭部署和運用戰車的方式——車輛總數將近一千——受到了史達林和朱可夫的批評。

但是，當時身處前線的法希里夫斯基及赫魯雪夫都支持范屠亭的部署方案。儘管沒有逆襲德軍，但范屠亭的做法在隨後幾天就呈現了裝甲作戰的性質。德軍戰車部隊遭遇了敵軍戰車凶猛——有時近似自殺性——的防禦戰鬥，與此同時，

德軍的東翼延伸過長，更易受到兵力日漸增加的蘇聯裝甲部隊的攻擊。俄軍的攻擊力度如此之強大，差點切斷與孤立德軍的前鋒部隊。

范屠亭花了一整夜朝交戰地區投入極需的增援部隊，其中包括擁有七十二門火砲的第27反戰車旅。德軍對於弗洛奈士方面軍的猛攻強度完全出乎俄軍的意料，因此，俄軍的裝甲武力大多派去支援步兵作戰。但是，德軍的向前推進自然就使他們的東翼暴露出來，這提供了一個絕佳的機會，要是錯過此一良機，紅軍將付出無法承受的代價。

第四章
僵持不下的北方戰局

摩德爾第9軍團的戰車和突擊砲猛攻突出部北部的蘇聯防禦陣地，試圖殺出一條血路。羅柯索夫斯基投入預備隊挺住了德軍的進攻狂潮，然後發動了一場損失慘重的逆襲。

羅柯索夫斯基命令參謀人員準備一場逆襲，唯一目標就是奪回第一道防禦帶。七月五日晚上，他向史達林遞交了一份報告：

「獲知最高指揮官將從預備隊中抽調托菲門柯（S.T. Trofimenko）中將的第27軍團前來支援我軍，這的確是一個好消息，於是我派出了幾名參謀軍官前往接洽。但是，這

種興奮不久便化爲烏有，第二天早上，我們便收到了新的命令：鑒於奧波揚附近的危險情勢，第27軍團被分派給了弗洛奈士方面軍。總司令部又宣稱，我們只能依靠自己的部隊，並且還得承擔一個額外的任務，就是如果敵軍突破了南方的弗洛奈士方面軍防線，我們必須保衛庫斯克。」

↑這些士兵正在中部方面軍的陣地上等待德國人的進攻，臉上的表情顯示他們決心堅守陣地直到彈盡糧絕。圖中的輕型機槍爲狄提亞洛夫DP班用機槍，又暱稱「電唱機」。彈鼓中能存放四十七發子彈，發射速率可達每分鐘五百五十發。

↑突出部北部的德軍砲兵。俄軍的反砲兵射擊卓有成效，摧毀了不少德軍火砲，令德國陸軍的進攻力度因此受到削弱。

↓圖為中部方面軍指揮官羅柯索夫斯基。他是鐵道工程師之子，一次世界大戰時為沙俄軍隊的士官。1918年時他加入紅軍並參與內戰，在遠東地區的幾個不同司令部歷練並且升職。

史達林回覆說：「你的左方形勢危急，敵軍從那裡可以攻擊你的後方。」因此，羅柯索夫斯基被迫向第16軍團求助。第16軍團由齊恩雅霍夫斯基（I.D. Chernyakhovsky）將軍指揮，防守著突出部的「喉部」地區，他們派出了一支預備部隊向羅柯索夫斯基提供支援。但是，想讓羅柯索夫斯基發起逆襲，這點增援是遠遠不夠的，於是，更多部隊開始調動。

第19獨立戰車軍前來支援第70軍團的右翼，庫斯克北部戰線的預備隊第9軍則支援第2戰車軍團。第19獨立戰車軍一抵達便立即參加攻擊，而第3戰車軍的任務是保護波尼里火車站。第17近衛步兵軍及第18近衛步兵軍各師從各自在第二道防禦帶的陣地發起反攻，由第2戰車軍團的第3戰車軍及第16戰車軍提供支援。不幸的是，在攻擊發起時間之前，只有第17近衛步兵師

↑1943年夏季，大部份時間氣候炎熱乾燥，由圖中枯萎的植物以及被陽光曬得黝黑的士兵即可看出。當摩德爾的部隊試圖掌控眼前的高地時，他們所要對付的就是許多圖中這類防禦陣地。

↓ZiS-3 76公厘師屬火砲在1943年夏季作戰時證明了自己的價值。它經常被用作戰防砲。它的優點之一是砲身較小，可用人力搬移，一如圖中所示。火砲周圍滿是末收割的穀物，這是庫斯克一帶典型的戰場環境。

↑一隊精心偽裝的砲兵連俯視著下方通往一個村莊的各條道路，該村莊處於薩摩都羅夫卡－波尼里一線。他們已經準備好發射砲彈，為俄軍的防禦增加火力。對於摩德爾的部隊來說，要通過空曠地帶來進攻這種陣地實在是很令人頭痛的事。

↓一隊身份不明的參謀軍官正匆匆越過一條波尼里向南通往庫斯克的鐵路。蘇聯鐵軌的軌距比歐洲其他地方都要來得寬，德國陸軍的工兵必須花一番功夫才能使它與德國的鐵路相容。

和第16戰車軍到達指定地點。因此，第2戰車軍團的四百六十五輛戰車中，只有不到一半的數量能投入作戰。儘管俄軍未全數到齊，但算上新投入的蘇聯裝甲力量，再加上德軍投入的裝甲車輛，此次戰車大戰雙方所用上的裝甲戰鬥車輛已經超過一千。

於是，整整持續四天，在波尼里及重兵防禦的奧爾霍瓦特卡（Olkhovatka）及薩摩都羅夫卡（Samodurovka）村莊之間，沿著綿延不絕的山脈，上演了一場規模龐大的戰車戰。摩德爾和羅柯索夫斯基都非常清楚，蘇聯所據守的山脈沿線是打開庫斯克北部通路的關鍵。在這裡，蘇聯工兵在成千上萬的平民勞工的幫助下，打造了整個突出部最稠密且最繁複的防禦體系。奧爾霍瓦特卡村鄰近的二七四高地，是主宰戰局的至關重要的軍事據點，如今已成為一個固若金湯的碉堡。第二天，紅軍首先展開行

動。

七月六日三時五十分，第4突破砲兵軍的火砲朝預定目標開火。爲了誤導德軍的砲兵觀測官，在火砲開火的同時，俄軍也在遠離實際砲兵陣地的地方引爆了罐裝炸藥。三十分鐘後，蘇聯轟炸機起飛，攻向正在集結的德軍戰車和步兵。預料到此次空襲的德國戰機升空攔截，一場激烈的空戰隨之發生。蘇聯在七月五日估計損失大約一百架戰機——紅軍宣稱擊落一百零六架德軍戰機，但七月六日的空中行動並沒有因爲這些損失而有所減弱。

第16戰車軍的第107及第164戰車旅於四時向史戴普（Step'）和布提基方向發起進攻，出動了一百輛T-34及T-70戰車。第107戰車旅率先發起攻擊，但德軍砲火將蘇聯步兵與他們的戰車分割開來。經過兩小時的激烈戰鬥，第107戰車旅的戰車成功地將德軍擊退至波尼里一號據點（ponyri 1）－史戴普－索伯羅夫卡（Soborovka）一線。

俄軍下一階段的推進，卻落入德軍精心準備的伏擊之中。摩德爾已調來了第2裝甲師，其中包括裝備有虎式戰車的第505重戰車營。十六輛虎式戰車及四號戰車藏在地下掩體內，在蘇聯戰車接近時突然發起攻擊，僅僅幾分鐘時間，第107戰車旅的五十輛戰車被打得支離破碎，剩下的四輛戰車拋下步兵逃逸。第164戰車旅同樣也損失了二十三輛戰車，脫離步兵狼狽逃回。與羅柯索夫斯基當初設想的有

↓圖中的政戰官身旁環繞著一群他所屬的炮兵團士兵，他正在激勵他們。有趣的是，只有這名軍官佩戴著前文所描述的肩章，其他人的裝束都是1943年之前的樣式。

↑這張照片攝於戰機即將起飛之前。圖中可清楚看到這架Il-2m3戰機屬於駕駛座後方增加一名炮手的新型款式。蘇聯空軍很少刻意標記擊落敵機的架數，但這架飛機水平尾翼上的三顆星代表三次勝利，指的應該是地面目標。機身上的文字表明這架飛機隸屬於近衛軍部隊。

→摩德爾上將負責指揮德軍第9軍團。他將麾下的虎式戰車及象式戰車集中成幾個規模小，但是戰力堅強的營，他們的任務就是突破敵軍的防線。

力逆襲不同，俄軍零零碎碎的攻擊成效不彰。

在羅柯索夫斯基的回憶錄中，他如此描述第17近衛步兵軍的行動：

「……第17軍向前推進二公里，與第15師及第18師的幾支部隊會合，他們已在圍困中奮戰了兩天。共有兩個營、七個連、十一個排及由軍官帶領的零散部隊堅守在防線不同區段。他們據守有利地形，即使敵軍戰車團團包圍也沒有讓他們產生動搖。相反，這些勇士不斷攻擊敵軍後方，迫使他們放緩推進的步伐。納粹出動大批部隊圍攻，但他們浴血奮戰，擊退了敵軍戰車和步兵，對於我們及時趕到的反攻部隊助益頗大。這些軍官及

士兵隨後加入反攻，開始往前推進。」然而，由於第17近衛步兵軍的行動缺乏裝甲武力，他們被迫轉入守勢。

紅軍後撤之後，第47裝甲軍的戰車緊接著挺進至第17近衛步兵軍第70及第75近衛步兵師所防守的第二道防禦帶。羅柯索夫斯基繼續描述道：

「敵軍企圖趁我軍後退之際一舉突破第二道防禦帶，這企圖被我軍粉碎。鑑於敵軍在戰車——尤其是重型戰車方面的優勢，我軍奉命以戰車支援防線，並將戰車藏在地下掩體，以固定的方式射擊。唯有敵軍只有步兵或輕裝甲的情況下，並且敵軍的陣形已被我方砲火打亂，我軍的戰車才允許進行逆襲。

「這個命令出自於對實際狀況的考量。我仍清楚記得，當我們的戰車匆促地對虎式戰車發起猛攻時，它們遭受了慘重的損失，被迫退回步兵之後。我們的砲兵及時介入，以精確的直接射擊擋下了敵軍的進攻，局勢才得以挽救。」

↑影片拍攝到的難得鏡頭——第505重戰車營的一輛虎式戰車發射砲彈的一瞬間。圖右是一輛象式戰車，它正緩慢地向奧爾霍瓦特卡的郊區開去，時間是1943年7月9日。

紅軍砲兵的靈活運用是其防禦力量的重要特色。一個顯著的例子是配備有M-30「卡秋莎」火箭發射器的第23近衛迫砲旅。由於機動能力差，裝填準備時間較長，發射口轉向遲鈍，M-30部隊很少用於守勢作戰。第23近衛迫砲旅在四十五分鐘內調整完畢，射擊另一方向來襲的德軍，而這種行動原本需要二至三小時的時間，並且還必須在空中及砲火掩護下才能完成。從斜坡以開放式照門進行射擊已經成為一種普遍的做法，主要由更輕、機動性更高的M-13「卡秋莎」實

↓紅軍在庫斯克突出部部署了上百門的1939型85公厘防空砲，圖中即為其中一門。這型火砲在性能上與德國著名的88公厘砲相比有過之而無不及，但是，它很少被紅軍用作戰防砲。蘇聯的防空砲通常由女性操作。

↑前有敵軍戰車！一門45公厘的37型戰防砲準備開火。此型火砲衍生自德國的37公厘戰防砲。蘇聯加大了它的口徑，使之能夠裝入更大的高爆炸藥，以便做為步兵支援武器。在「衛城作戰」開始之前，俄軍引入了一種新的火砲──1942型。

↓德軍的六管火箭發射器是一種可怕的武器。可動式的六管火箭連能夠投射重型且出其不意的密集火力。來襲火箭的轟鳴聲使它獲得了「尖叫的米米」（Screaming Meemie）或「呼嘯的米妮」（Moaning Minnie）的稱謂。它的最大射程達5500公尺（6014碼）。

↑圖中所攝兩名紅軍工兵正在等待命令。他們面前是一些可移動式反戰車防禦工事，在「衛城作戰」中功效卓著。這些頗為現代的防柵由鋼筋製造，便於搬移，是蘇聯防禦帶相當有用的設備之一。

↓這支反戰車小組手持戰防槍奮勇上前。他們正經過兩輛毀損的三號戰車──可能在數小時之前的戰鬥中為紅軍戰機所摧毀。這些士兵以布綁腿取代及膝長靴，這在戰爭當前階段是相當常見的做法。

↑砲兵前進觀測官的工作極為危險，因為他們非常接近敵方陣線。圖中人員正遭受德軍劇烈的反砲兵射擊，但仍然繼續在回報己方的彈著點。

↓KV-1在「衛城作戰」時是蘇聯的主力重型戰車。圖中的這輛KV-1隸屬中部方面軍，在步兵的掩護下進行戰鬥。俄軍在庫斯克使用了二百多輛KV-1。一個有趣的特色是，它在砲塔後方安裝了一挺球形槍座的7.62公厘機槍。

施。

從德軍戰線後方可以看到煙硝瀰漫的奧爾霍瓦特卡、二七四高地及低矮山嶺，就攔在通往庫斯克的路上。打算趁著俄軍退兵之際一舉突入第二道防禦帶的做法失敗後，德軍停頓下來進行重整。烈日當頭，第47裝甲軍的士兵在曠野上大口喝著水壺的水。攻擊預定於近午時分發起，由第505重戰車營的虎式戰車充當這裝甲楔子的尖鋒。雙方陣營的對地攻擊機和戰鬥機在頭頂呼嘯而過，加上六管火箭砲和「卡秋莎」火箭的獨特聲響，隆隆響個不停的火砲聲有如這首地獄之歌的最後音符。蘇聯及德國的戰車兵則坐在溫度逐漸上升的鐵甲車輛

中靜靜等待。最後命令終於下達：
「戰車前進！」

　　由輕型戰車及突擊砲保護側翼，虎式戰車駛入蘇聯各種口徑武器交織而成的彈幕之中。索伯羅夫卡村很快就落入德軍之手。摩德爾下令第9裝甲師加入戰局，以便擴大戰果，但同時，他的損失也在無情地不斷增加。

　　德軍艱難地向前推進，逐漸深陷在俄軍錯綜複雜的防禦網。精選位置並巧妙偽裝的蘇聯戰防砲將德軍的戰車一輛接一輛擊毀，成百上千的德軍也紛紛倒在紅軍的機槍掃射下。在前方戰壕的後頭，蘇聯迫擊砲手不斷發射砲彈，使德軍的進攻更加混亂不堪。對於地上的德軍步兵來說，存活下去如今已成了主要目標，偏偏沒有一塊地方是安全的。躲進凹地只會讓他們缺胳膊少條腿，或甚至丟掉性命，因為蘇聯工兵早就在這些明顯的掩蔽處為他們準備好了人員殺傷雷。德軍的後方同樣不安；蘇聯部隊隱藏在暗

處，耐心等待德軍戰車開過，然後有如魔術般地出現，造成嚴重的傷亡。而狙擊手也早已瞄準了德軍軍官以及其他重要人員——例如排雷兵，迫使德軍不得不將原本可用於他處的兵力，調來掃蕩這些狙擊手。

　　虎式戰車部隊不斷重新編組再次進攻，俄軍一次次將它們打退。尚未收割的穀物被戰車的履帶和士兵的戰靴碾平，沾滿了成千名士兵的血跡。在這殘酷的場面之上，數百輛燃燒車輛冒出的濃煙遮蔽了碧

↑圖中為一把手動槍機的單發PTRD戰防槍。這款步槍口徑14.5公厘，穿透力驚人，是一種評價不錯的狙擊武器。金屬雙足腳架可增加穩定度。

↓從他們特製的偽裝服可以看出，這是一支偵察部隊。他們手中的武器可以提供強大的火力。位於圖中前方的士兵手持一架1942型PPSh衝鋒槍，其弧形彈匣可以存放35發子彈。在全力開火的情況下，圖中這些槍可以產生每分鐘二千發的火力。

↑失敗的慘痛代價。德國步兵橫屍於波尼里村外圍，他們前方就是蘇聯防線的鐵絲刺網。這些士兵可能隸屬第10裝甲擲彈兵師。摩德爾於7月10、11日孤注一擲地作了最後嘗試，打算突破蘇聯的防線。

藍的夏日晴空。最終雙方都精疲力竭，夜幕降臨之時，無情的戰鬥暫告一段落，雙方都停下來清點損失。

戰車維修單位盡可能地救回受損的車輛進行修復，以便用於下一輪戰鬥。彈藥和燃料都得到了補給，傷員被後送。此刻，白天的槍砲聲已經消失，取而代之的是躺在屍堆中無人照料又口渴難耐的雙方傷兵呻吟聲。

戰車無路可進

在戰線的東邊，約瑟夫·哈普（Josef Harpe）的第41裝甲軍再一次試圖分割俄軍第13軍團及第48軍團。這個裝甲軍的戰車力量是第18裝甲師，僅有不到一百輛戰車，而且大多數是武器落後的三號及四號戰車。充當主攻力量的將是第292及第86步兵師，德軍還部署了第216裝甲營的「灰熊」來為他們提供重型火力的機動支援。經過一番殊死戰鬥，德軍得以向前推進，並且攻入了波尼里村。德軍前進的步伐被蘇聯第307步兵師擋了下來，後者堅守在防禦陣地以及波尼里車站周邊。第307師負責把守第29步兵軍防區裡的第二道防線。

德軍攻擊的最後的一塊區域是突出部北側最東邊的馬洛阿格爾斯克。在這裡，參戰部隊再一次以步兵為主——第216步兵師和第78突擊師，由第185和第189突擊砲營的七十二輛三號突擊砲提供火力支援。儘管德軍投入如此兵力，蘇聯堅固的防禦陣地的與強韌的守軍再一次令他們遭受挫敗。

傍晚十八時三十分，蘇聯第19戰車軍準備好要展開攻擊。拖延到現在的原因是該軍必須通過步兵的陣地，並且小心地繞開己方的雷區。第19戰車軍朝著波多里亞（Podolian'）地區開進，其一百五

十輛戰車的目標是波布利克－薩摩都羅夫卡一帶的德軍第20及第2裝甲師。然而，進入地下掩體（dig-in，編按：在地面挖掘坑洞，戰車可由斜坡開進坑洞，只露出砲塔迎敵）的戰車，加上重型砲火以及空中攻擊再次使蘇聯戰車部隊陷入苦戰。損兵折將之後，俄軍不得不撤退。

　　儘管俄軍擋住了德軍的推進，但在人員和物資上付出了巨大的代價。不過德軍也同樣經歷了血腥的一天——在第47裝甲軍被迫停止攻擊之時，第505營的虎式戰車已是傷痕纍纍，許多戰車根本無法修復。由於太多的蘇聯部隊處於德軍戰線之內，當晚德軍並無太多休整的時間，德軍不得不更密集巡邏，使隔天要進攻的部隊有機會稍微睡一下。整晚的時間裡，德國工兵瘋狂似地想在蘇聯的雷區清出一條通

道，以便預備隊使用。而此時，蘇聯工兵同樣馬不停蹄地工作，埋下更多的地雷、修理碉堡和戰壕、安放可移動式反戰車障礙。那些人只有在他們的指揮官還忙著制訂後續任務時，才有一小段的珍貴睡眠時間。

　　儘管地面部隊付出了如此的代價，羅柯索夫斯基還是可以感到欣慰，因為部隊頭頂上的形勢正逐漸朝著有利於蘇聯一方發展。雙方空

↑一門紅軍的1932型45公釐戰防砲正由一支六匹馬的車隊拖往前線。地點可能就在庫斯克當地。拖車前身一般可乘坐兩名人員並放置彈藥，圖中的情況明顯是已經超載了。

↓由植被的稀疏可看出這張照片攝於庫斯克會戰之前。圖中的SU-76在「衛城作戰」中被廣泛使用。儘管它原先是設計來為步兵提供機動的直接火力支援，後來卻成為一種頗有價值的驅逐戰車。

↑精疲力竭的紅軍步兵在奔赴前線的路上好好打了個盹。隨著戰爭的推進，會有越來越多的卡車──不少都是由美國提供──將蘇聯部隊運往前線，使他們冤於累人的徒步行軍。圖片左方剛好能看到的基層軍官正望著他的下屬。

↓蘇聯騎兵在滿天塵埃中奔赴前線。儘管戰爭的性質日趨機械化，軸心國和蘇聯部隊仍然大量使用馬匹。軸心國用馬做為拖曳火砲的重要手段之一，而紅軍則是大批使用騎兵。

戰的激烈程度完全出乎德軍的意料，德國空軍被迫從東線其他地方召來新的單位以對抗蘇聯的機群。長久以來，科技的優越及德國飛行員的飛行技能令蘇聯空軍毫無還手之力，但是消耗戰的特性使這些優勢逐漸消失，數量龐大的一方將取得上風。蘇聯戰鬥機中隊正在證明，他們可以成功壓制德軍的梅塞希密特及福克－烏爾夫戰機，為地面部隊及轟炸機贏得足夠的時間來完成任務。從這一天開始，在突出

部這一區域的蘇聯空軍部隊逐漸主宰空域。紅軍宣稱，七月六日擊落敵方戰機一百一十三架，而己方只損失九十架。

在戰線的對面那邊，摩德爾正憂心忡忡：蘇聯的防禦強度即使並無超乎想像，至少也一如預期的難纏。儘管第9軍團取得了一點進展，但與所付出的代價相比實在微不足道──約二萬五千人傷亡及一百五十輛戰車和突擊砲損毀。空中偵察報告顯示大量紅軍正朝西移動，從馬洛阿格爾斯克向奧爾霍瓦特卡（Olkovatka）及波尼里前進。很明顯，俄軍正在火速增援中。

庫斯克北側的戰鬥模式已然定形。德軍必須不斷推進以取得任何的戰果，俄軍則因準備不充分的逆襲上了血淋淋的一課，打算全力採取守勢。數量和堅毅將成為勝負的關鍵因素，不管哪一方，只有同時具備這兩個要素才能取得勝利。

第五章
目標奧波揚

霍斯投入麾下的第4裝甲軍團衝擊弗洛奈士方面軍的防線。一開始彷彿勝利在望，但紅軍的堅韌及強大的防禦已開始削弱德國裝甲師的進攻力度。

　　直到七月六日上午，進攻奧波揚的行動才再次展開。奧波揚是范屠亭的弗洛奈士方面軍的總部所在地，並且也有跨越普塞爾河的最重要橋樑，它是德軍必爭之地。

　　在經過九十分鐘的攻擊前射擊之後，霍斯下令第3裝甲師、第11裝甲師以及「大德意志」裝甲擲彈兵師開始進攻。德國空軍執行了大約二百架次對地攻擊任務，沒多

久，蘇聯的前線陣地就被攻了下來。第67近衛步兵師一路後撤，直到他們遇上第52近衛步兵師，後者正與更東邊的第2黨衛裝甲軍交戰。到下午晚些時候，蘇聯的近衛軍已經被迫退入第二道防禦帶的陣地。

　　第二道防禦帶的深度以及俄軍防衛的堅定決心，令克諾貝斯多夫率領著第48裝甲軍八次進攻都無功

↑「帝國」裝甲擲彈兵師的步兵正在穿越奧波揚南方的大草原。最前面的士兵肩扛一挺MG42機槍，發射速率可達每分鐘一千發以上。

↑圖為庫斯克攻勢初期,第2黨衛裝甲軍的四號戰車。這些戰車安裝了裝甲護裙,砲塔周邊加了附加裝甲。從戰車間較寬的車距、開啓的艙蓋、沒有飛機的天空、無障礙物的地表來看,這些戰車離前線戰場還有一段距離。

↓圖中這名蘇聯近衛砲兵軍官正在監視推進中的德軍。他身穿最近發放的1943式制服上衣(gymnastiorka),豎領並帶有肩章。圖中所示的船形帽設計於第一次世界大戰期間,可戴於鋼盔帽之內。

而返。因此,由於前往奧波揚的道路受阻,德軍調整了作戰方案。

緩慢而血腥的前進道路

第3裝甲師的偵察部隊來到拉科沃(Rakovo)附近的皮那河偵察敵情和地形。不幸的是,這一帶河淺泥濘,河岸陡峭黏滑,不適合戰車作戰。在評估形勢之後,德軍決定重新部署第3、第11裝甲師及「大德意志」裝甲擲彈兵師的進攻路線。他們將沿著托馬羅夫卡-奧波揚路線向東北方向前進,途經亞歷克西夫卡(Alekseevka)、盧卡尼諾(Lukhanino)及西特席弗(Syrtsevo)。

第11裝甲師及「大德意志」裝甲擲彈兵師的先頭部隊從切爾卡斯括葉一路快速推進,在盧卡尼諾河一線,他們遇到了蘇聯第90近衛步兵師和第3機械化軍。隨著德軍進

攻的不斷加劇，蘇聯的增援部隊也源源不絕到來，其中包括第35反戰車團。一位德國作家如此描述當時的形勢：

「在左翼，第3裝甲師對沙維多夫卡（Zavydovka）的攻擊沒有取得任何進展，『大德意志』裝甲擲彈兵師對亞歷克西夫卡及盧卡尼諾的進攻也是一樣。這一帶全佈滿了地雷，敵軍戰車善用身處高地的優勢，在戰線上四處支援俄軍的防線。我們的突擊部隊蒙受了相當的損失，第3裝甲師還必須應付敵軍的逆襲。儘管空軍對敵方砲兵陣地進行了多次猛烈的轟炸，蘇聯的防禦強度並沒有因此受到多少削弱。」

「大德意志」裝甲擲彈兵師對上的是克里佛辛（S.M. Krivoshein）少將指揮的第3機械化軍的第1和第3機械化旅（已進入地下掩體）、第90近衛步兵師的一個團以及第67

近衛步兵師的殘餘部隊。蘇聯戰車大約有一百輛，但這只不過是防禦帶其中一部分兵力而已。從「大德意志」裝甲擲彈兵師的歷史資料的一個片斷中可以得知當時對峙形勢的清晰情景：

「……我們的戰車部隊回報說推進順利，可以拿下杜波瓦（Dubrova，位於盧卡尼諾河畔）南方的地區。然而，就在當地的寬

↑即將進入戰鬥的第2黨衛裝甲軍的士兵和裝甲車輛。前方士兵乘坐的是Sd Kfz 251裝甲運兵車，而右邊是三號戰車。

↓庫斯克地區一輛第2黨衛裝甲軍的四號中型戰車，可能隸屬於「骷髏」師。儘管這輛戰車沒有加裝砲塔附加裝甲，不過其短管75公厘砲具有極佳的穿透能力。

↑這些T-34戰車正集結起來,準備對第2黨衛裝甲軍發動逆襲。離鏡頭最近的這輛戰車上有一塊圓木,當遇到格外鬆軟的地面時,它可以放在履帶下讓戰車駛過。車身兩側圓桶裝的是額外的燃油。

↓一張絕佳的照片,捕捉到了庫斯克會戰期間德軍第2黨衛裝甲軍的步兵及半履帶車輛的精彩畫面。豪賽爾的裝甲軍只有三個師,但在7月4日時卻擁有四百五十一輛戰車。他們面對的戰鬥必定慘烈無比,因為到7月9日,戰車數量已經減少至二百四十九輛。

廣玉米田及平坦地形上，展開了一場激烈的戰車戰，布爾什維克人在他們的第二道防線上進行了殊死抵抗。地堡、火焰放射器，特別是地下掩體中巧妙僞裝的T-34戰車，令我們寸步難行。德軍的傷亡人數不斷攀升，戰車的損失更是驚人。步兵不屈不撓地朝敵軍防線深處挺進，試圖爲戰車開出一條通路。當日傍晚，雷莫（Remer）少校領導下的第1營最終前進至杜波瓦，並攻下了佈滿敵軍地下掩體的二四七・二號高地……但是此次突破似乎仍未完全成功，攻方只不過是深入了敵軍的防禦區，四周都還有俄軍的身影。

「許多戰車都失去了戰鬥力，由於遭敵命中或履帶觸雷，裝甲團

←除了衝鋒槍及手錶之外，偵察騎兵的源起可以追溯到19世紀的戰爭。圖中這兩名偵察騎兵正在尋找德軍的蹤影。他們都穿著偽裝長褲，並以俄羅斯的傳統方式──刀柄向上──佩戴著哥薩克馬刀。哥薩克馬刀一般都沒有護手擋板。

↓這張照片顯示的是蘇聯當時最先進的專門戰防砲──1943型57公厘砲，它在庫斯克會戰中首次亮相。有意思的是，該砲由於能夠發射鎢心彈而性能出衆，因為對於敵軍戰車來說，鎢心彈比一般鋼砲彈具有更大的殺傷力。

↑裝備著挖壕工具、乾糧袋以及嶄新、甚至尚未撕掉標籤的外衣，蘇聯步兵跟著一輛T-34戰車向前奔跑。戰車上載著一隊隨乘步兵。從履帶揚起的塵土看，戰車的速度相當快。空中一架身份不明的飛機呼嘯而過，鑑於附近地形開闊沒有掩護，恐怕只能祈禱那是一架蘇聯飛機了。

↓圖為「大德意志」師的擲彈兵，他們的臉上清楚顯現了戰爭所造成的壓力。「大德意志」師的步兵經常在沒有戰車支援情況下獨自作戰，因為他們的戰車部隊經常會陷入泥淖或者誤入雷區。

被迫丟下不少戰車，留它們在原地等待修護。」

蘇聯方面宣稱，截至當日十七時，德軍在皮那河的戰鬥中損失了七十四輛戰車：

「德軍所有繼續向北進攻的企圖統統都被粉碎，契諾夫（V.G. Chernov）上校率領的第90步兵師及第1戰車軍團中的第6戰車軍和第3機械化軍頑強地守住了第二道防線。

「在盧卡尼諾、西特席弗、二四七·二高地等地，敵軍一天內發起了八次進攻，投入了二百五十輛戰車……在二四七·二高地一帶，幾股獨立的戰車部隊成功滲入我方防線，穿透了巴跋宗尼安（A.K. Babadzhonian）上校所率領的第3機械化旅的戰鬥編組。該旅士兵並沒有因此驚惶失措，當敵軍步兵與戰車分散開來時，他們運用各種可用之手段，摧毀了這幾股攻入防線的戰車部隊。」

戰車前進

俄軍強大的縱深防禦以及預備隊的調度合宜，使德軍再次被攔了下來，短暫停在普塞爾河之前。但是，儘管俄軍的抵抗比預期的更爲堅強，德軍仍處於有利的位置。

七月六日晨，經過休整和燃料補給，豪賽爾的第2黨衛裝甲軍再次準備進攻。近午，在砲兵開始射擊之後，由「希特勒近衛」師居左、「帝國」裝甲師居右，裝甲軍沿著貝爾哥羅至奧波揚的公路前進。在突破俄軍第51步兵師的防線後，德軍領頭的虎式戰車在雅可夫列夫（Iakovlevo）以南遭遇到第5近衛戰車軍的T-34戰車。一名德國新聞播報員如是描述：

「在各自不同的斜坡上，雙方軍隊相距約一千公尺（一千零九十四碼），就好像是棋盤上相互對立的棋子。一步棋接一步棋，雙方都依有利自己的方式行事，試圖影響自身的命運。所有虎式戰車全都開火，戰鬥逐漸化成引擎聲的狂嘯怒吼。而指揮、操作它們的人必須保持冷靜——非常冷靜。他們迅速瞄準，迅速裝彈，迅速下達指令。他們向前衝出幾公尺，向右轉，靈活地逃過敵軍戰車的瞄準，然後使敵軍進入他們的射擊範圍內。我們計算了一下那些無法再對德軍士兵開火、已化爲火炬的戰車。才經過一小時，已經有十二輛T-34起火，還有三十輛仍在前後東閃西躲，拚老命快速射擊。雖然它們瞄得很準，可是我們的裝甲相當厚重。」

儘管英勇戰鬥，蘇聯近衛部隊的戰車仍然不敵驍勇的虎式戰車，被迫與兩支近衛步兵師一起向東方和東南方撤退。第3機械化軍的第1近衛戰車旅和第51近衛步兵師調出幾支部隊，堅守在第2黨衛裝甲軍左翼的波克羅夫卡和波西麥亞奇基（Bol'shie Maiachki）。

此時豪賽爾發現自己的處境相當有趣。由於突破了蘇聯第二道防禦帶，通向普羅科洛夫卡的道路已

↓看到這樣的畫面，任何一個在德軍火力壓制下抬不起頭來的蘇聯步兵都會爲之歡欣鼓舞：一隊T-34戰車奔馳越過大草原。T-34戰車最高時速可達時速51公里（32英里），當它在乾燥環境下行駛時，它們必須加大車距，否則揚起的塵土會使後面戰車的駕駛手看不清方向。

←一個班的蘇聯步兵經過一輛豹式戰車的殘骸，這輛戰車顯已經被拋棄了好一段時間。儘管豹式戰車威力強大，但庫斯克會戰中所用的是匆忙駛下生產線的首批產品，始終受到各種機械問題的困擾。圖中戰車的側面裝甲上還能看到德國的帝國鐵十字標誌。

經打通。但是，他所收到的命令很清楚：朝北至奧波揚。另外，他的側翼越來越危險，因爲負責保護這些區域的步兵尚未到達。因此豪賽爾選擇保護側翼而不是向普羅科洛夫卡推進。

在當時，豪賽爾的決定是合理的，因爲在天黑前，蘇聯第2戰車軍越過李波維頓內次河向他的右翼發起了一次進攻，在同一時間，俄軍第96戰車旅在更南方也發起了攻擊，試圖切入第2黨衛軍的後方梯隊。蘇聯戰車的進攻在德國空軍對地攻擊機的轟炸下被迫停止，但它已突顯出豪賽爾側翼的脆弱。「骷髏」裝甲擲彈兵師受令保護豪賽爾的東部側翼，但在當日並未取得很大的進展。

在德軍的南部戰線，肯夫兵團從南頓內次河的橋頭堡出發，取得了較大的進展。領頭的裝甲武力是第7和第19裝甲師，當日下午又加入了第6裝甲師。第19裝甲師攻佔了貝洛夫斯科（Belovskoe），但在雅斯特包佛（Iastrebovo）附近被第81近衛步兵師最後可用的預備隊攔住了腳步。

第7裝甲師與初抵戰場的俄軍第73近衛步兵師陷入了苦戰，後者得到了兩個戰車團、一個自走砲團及裝備有七十二門火砲的第31反戰車旅的支援。在第六裝甲師趕到

↑「雅克列夫」戰鬥機
正從轟炸機護航任務中
脫離。蘇聯空軍用非常
明顯的白邊紅星做為標
記。機身上的數字指的
是這架飛機在某個特定
飛行中隊中的編號。

←這幅圖片讓人想起了
第一次世界大戰的畫
面。蘇聯步兵在開闊的
草原上向前推進，他們
的重型武器部署在常規
的陣地之中。儘管技術
方面有了巨大的演進，
雙方在庫斯克會戰中
仍然損失了大批步兵，
因為在戰車往前衝出之
後，仍須由步兵佔領並
堅守那些土地。

↑訓練者領著經過特殊訓練的爆破犬朝前線走去。這些狗必將有去無回，當牠們綁著炸藥邁向自己的命運之際，牠們的訓練者不知心中有何感想。

↓蘇聯的夏天，烈日炎炎，塵土飛揚。對於戰車駕駛來說，在非戰鬥區打開所有艙蓋疾馳是件很舒服的事。蘇聯戰車因缺乏對乘員的人性化考量而臭名昭著。圖中這輛戰車的雙砲塔艙口表明它是一輛T-34/76 1943型戰車。

之後，俄軍被趕到了從格瑞穆奇（Gremiuchii）至貝特史卡雅別莊（Batratskaia Dacha）的一條低矮山脈，他們便在那裡強化防禦陣地。

肯夫的兩難

德軍戰車再一次突破了蘇聯防線，迫使敵軍撤退。這次輪到肯夫遇上豪賽爾曾面臨的困境：保護側翼或者向北推進。戰車往前推進時需要步兵保護才能追擊殘敵，但步兵卻遲遲未到。入夜時，曼斯坦手下有百分之三十的裝甲力量被用來充當側翼護衛。

然而，南方集團軍司令部卻有理由保持樂觀。第48裝甲軍與第2黨衛裝甲軍各自的先頭部隊已在雅可夫列夫成功會師，對奧波揚形成有力的威脅。因此，儘管損失慘重而且比預定進度落後，德軍仍然不斷向前推進。

此時范屠亭的戰線已破了個大洞，因此到夜晚時他下令投入中部方面軍大部分的預備隊。當晚，他要求動用四個戰車軍和兩個航空軍。

蘇聯參謀本部駐弗洛奈士的代表法希里夫斯基，對范屠亭的要求加上如下評語：

「我認為投入兩個戰車軍增援前線是適宜的……其中一個派往普羅科洛夫卡，另一個派往科羅查（Korocha）區域……另外，

我認為有必要將羅特米斯托夫的第5近衛戰車軍團調往歐斯科河（Oskol）及史塔伊歐斯科（Staryi Oskol）南方的地區。」

史達林在電話中答覆了范屠亭。他同意動用這兩個戰車軍，並更進一步命令他：

「在事前準備好的陣地耗盡敵軍兵力，在西部方面軍、布里安斯克方面軍及其他方面軍展開我們的攻勢作戰之前，不可讓敵軍突破。」

大草原方面軍的指揮官，柯涅夫將軍受令派出第5戰車軍，而波卜夫的第2戰車軍也開始行動，兩支軍隊直朝普羅科洛夫卡和科羅查趕去。

↑一支偵察部隊的無線電小組正將蒐集到的情報發送出去。在庫斯克會戰中，偵察部隊經常與游擊隊及平民緊密合作，利用他們對當地情況的熟悉給德軍製造更多的麻煩。

↓一支蘇聯裝甲車輛的混合編隊正在推進，前去支援步兵進攻。最前面的戰車為T-34/76 1941型戰車，這一點可以從它只有一個巨大的砲塔頂門蓋中看出。第二輛戰車則是1943型。圖中的柔軟地面是典型的突出部潮濕地區的特色。

↑蘇聯參謀本部不斷地向前線運送增援部隊。偽裝是一種預防性的舉措，但在圖中，偽裝只不過是做個表面功夫罷了。這門火砲是1930型122公厘榴彈砲，由一輛履帶牽引車拖曳。履帶牽引車具有出色的越野能力，在紅軍中廣受喜愛。

↓在戰爭開始的最初幾個月，俄軍常用卡車將步兵運送往前線支援戰車作戰。這種運輸方式往往帶來災難性的後果。步兵搭載戰車是為戰車提供近距離支援的另一種方式，雖然步兵仍然要飽受顛簸之苦。

范屠亭變更計劃

　　范屠亭將自己的計劃做了修改，目標是以現有的部隊擋下德軍，然後隨同兩支新抵達的戰車軍一起消滅他們。弗洛奈士方面軍的空軍部隊將用來攻擊奧波揚一線的軸心國部隊，而西南方面軍的空軍部隊則是全力對付肯夫兵團。

　　第31戰車軍將推進至德軍第2黨衛裝甲軍的右翼，第2戰車軍與第5戰車軍將威脅黨衛軍的左翼，而第6戰車軍和第3機械化軍負責阻止德軍第48裝甲軍繼續朝奧波揚推進。

第六章
空中之戰

儘管庫斯克之戰毋庸置疑是一場戰車大戰，不過空中爭奪戰的重要性也不容小覷。德國空軍為德軍裝甲師提供了強有力的空中支援，但最終還是蘇聯空軍主宰了戰場的天空。

↑1943年，蘇聯如拉瓦奇金 La-5之類的戰機在速度上已與福克－烏爾夫 Fw 190旗鼓相當。此外，蘇聯戰鬥機在低空的性能表現更佳。

　　德國空軍在「衛城作戰」展開時投入了一千八百架戰機，這數量大約是整個東線戰場所部署飛機的三分之二。大部份戰機隸屬於狄斯洛赫（Otto Dessloch）將軍指揮的第8航空軍（VIII Air Corps），主要是支援德軍南方之鉗的攻勢。狄斯洛赫在一次世界大戰時是一名空軍中隊長，在庫斯克會戰前指揮過

各類的空軍單位，擁有豐富的作戰經驗。在狄斯洛赫的帶領下，第8航空軍掌握著第4航空軍團的大部分飛行單位、第1匈牙利航空師和第1防空砲軍，總共有一千一百架飛機可供調遣。這些飛行單位中還包括七個俯衝轟炸機編隊，即聲名狼藉的Ju 87D斯圖卡俯衝轟炸機。

　　斯圖卡飛機仍將執行其傳統的

↑「緊急起飛！」蘇聯飛行員背著沉重的降落傘，迅速朝他們的拉瓦奇金La-5奔去。La-5的飛行時速可達648公里（403英里），與它的勁敵梅塞希密特及福克－烏爾夫都要更快。其武器系統包括兩門前射的固定式20公厘機砲，安裝於前機身上部。

轟炸任務。在戰火點燃後的四年裡，它們一直是自藍天衝出的飛行火炮，在裝甲楔子抵達前先行轟炸、掃射敵軍陣地。當飛行員鎖定目標後，飛機將會以近乎垂直的姿態向下俯衝投彈，伴隨著一股淒厲的尖嘯聲，這種聲音往往令地面上的人員血液頓時凍結，相信自己已被死神盯上。

「衛城作戰」是斯圖卡戰機最後一次執行這類任務，因為它的性能已經不再符合東線戰場的需求。

當他們不再進行俯衝轟炸任務之後，所有剩餘的斯圖卡轉而執行低空對地攻擊任務。在庫斯克會戰中，斯圖卡首次大規模運用為「戰車獵殺機」（Tank Buster）。兩邊機翼下各安裝了一門三十七公厘戰防砲，這種火力在諸如空軍上尉（Flight-Lieutenant）漢斯‧烏爾里希‧魯德爾（Hans-Ulrich Rudel）這樣的專家手中，將對俄軍戰車部隊造成重創。在「衛城作戰」的第一天，魯德爾就擊毀了十二輛戰

→Bf 109是一種性能出眾的戰鬥機，在王牌飛行員操縱下，任何蘇聯戰機都無法與之匹敵。但是，1943年中期，德軍空軍在東線的戰場延伸過長，力量變得薄弱，而蘇聯空軍卻越來越壯大。

車。

庫斯克會戰同樣也是德國空軍對地攻擊聯隊（Schlactsgeschwaders）的處女秀。該飛行大隊部署了大量的福克－烏爾夫Fw 190A-4及亨榭爾Hs 129 B-2/R2。亨榭爾 Hs 129是專為獵殺戰車而量身打造的，機首安裝有兩挺七・九二公厘機槍及兩門二〇公厘加農砲，但它真正的殺傷力是安裝在機腹吊艙裡的主要武器——三〇公厘馬克Mark 101或103加農砲。對於無裝甲的貨車、木製的碉堡以及戰車後部的「軟肋」——引擎室來說，這種火力強度是相當

致命的。Fw 190常與Hs 129一起出擊，其投下的SD1和SD2破片彈足以瓦解蘇聯的步兵攻勢。

對地攻擊機速度較為遲緩，例如Hs 129及斯圖卡都需要戰鬥機為其提供護航，使它們專心執行手中的任務。承擔護航任務的便是著名的梅塞希密特Bf 109 G-6及福克－烏爾夫 Fw 190A-5戰機。Fw 190的機翼上安裝有四門二〇公厘機砲，而機身前端安裝有兩挺七・九二公厘機槍。這樣的武裝再加上時速六百零五公里（三百八十二英里）的飛行速度，便成了名符其實的空中戰將。Bf 109的武器與性能也毫不

↑幾架Pe-2正穩穩地向它們的目標飛去。Pe-2在攜載1000公斤（2205磅）炸彈時，航程可達1500公里（932英里），整個庫斯克突出部都在其轟炸範圍之內。圖中可以清楚地看到機腹下方的7.62公厘機槍。機鼻下方安裝玻璃是為了增加炸彈的精度。

↑圖中斯圖圖莫維克戰機的後方砲手正仔細檢查彈鏈中的每一發子彈。12.7公厘機槍顯然是這型戰機不可或缺的武器，因為Il-2系列飛機由於裝甲厚重，最大航速只有時速415公里（2258英里），經常成為軸心國巡邏戰鬥機的目標。

大隊（group）。高射砲部隊的防空砲是非常有效的武器，尤其是著名的八八公厘砲。但是，由於八八砲在對付蘇聯戰車時表現優異，許多高射砲連被配屬給陸軍部隊以加強他們的反戰車能力，這種做法導致軸心國機場的防空能力受到嚴重削弱。

準備好要投入到「衛城作戰」的德國空軍，與當初支配蘇聯上空長達兩年之久的空軍相比已經大為縮水。德國空軍的總帥，赫曼·戈林，曾保證不會有任何炸彈落到帝國的國土上。但在一九四三年年初，英美聯軍的轟炸機就已將他的承諾化為空言，每天的轟炸不僅削弱了德國的工業產能，也大大損害了人民的士氣。為了應付這種形勢，戈林不得不從東線戰場撤回大批戰鬥機中隊，而新生產的飛機也轉而投入西線，使得東線的飛機數量大大減少。雪上加霜的是，在燃油的分配上西線也得到了優先權，因此在庫斯克會戰中，德國空軍可獲得的燃油甚至還不到其實際需要的百分之三十。

但是，一般的德國士兵仍然理所當然地相信己方空軍具有幾項優勢：飛行員的經驗豐富、地勤人員的高效率以及飛機性能出色——打從「巴巴羅沙作戰」開始的幾個小時，德軍不就一直享有幾近全面的空中優勢嗎？坐在壕溝裡的德國步兵從沒想過，蘇聯空軍早已今非昔比，不再只是紅男爵（Red Baron，編按：一次世界大戰時德軍空戰英雄）門徒的練習靶子，而

遜色。更為大型的轟炸任務，則是交給其他經歷考驗且值得信賴的戰機，像是亨克爾He III和容克斯Ju 88。

德國空軍派出上將李特·馮·格萊姆（Ritter von Greim）的第6航空軍團（6th air fleet）來支援北方之鉗的攻勢。第6航空軍團旗下有第1航空師、第12防砲師以及第10防砲旅。這支航空軍團混雜了各種反戰車戰鬥機及轟炸機，總數達到七百三十架，其中有三個斯圖卡

是一支不容小覷的部隊，一支需要認真應付的空軍部隊。

蘇聯空軍

一九四一年六月二十二日晚，蘇聯在西部戰線的飛機總數達到二千七百七十架。「巴巴羅沙作戰」展開的頭幾天，德國空軍聲稱摧毀的蘇聯戰機數量令人咋舌：第一天結束時就達到一千八百一十一架，其中一千四百八十九架仍然整齊地排列在地面上。一九四一年六月，一位足夠勇敢的蘇聯飛行員匿名向黨中央寫道：

「我們的營區緊鄰前線，白色的帳篷整齊排列有如等著迎接首長閱兵，從天空上望下來一清二楚。」

蘇聯「突顯目標」的舉措還不僅於此。飛機在出廠之後，幾乎很少或甚至根本沒採取任何偽裝措施，直接以出廠時的塗漆——一般是反光的銀色——運送至前線的飛行中隊。在史達林的命令下，飛機的偽裝方案才開始著手規劃，然而已經為時太晚。此外，蘇聯的空軍機場並不像德國空軍那樣遠離前線，因此十分容易遭受德軍砲火的重創——六月二十二日之前，這些基地就已成為德軍砲兵鎖定的目標。

與此同時，蘇聯飛行員的訓練方式死板，凡事以準則為依歸，並且以此做為蘇聯年輕飛行員的核查標準。不管是面對密集的地面防空砲火，還是猛烈的空中阻擊，蘇聯

↓一隊Pe-2轟炸機執行完庫斯克突出部上空的轟炸任務之後，正返回後方的一個基地，周邊很顯然沒有戰鬥機護航。儘管它們的上升限度可達到8800公尺（28,870英尺），但這些飛機的飛行高度明顯比這個數字低得多。

飛行員仍然緊密保持隊形，彷彿是在練習用龐大又不靈活的轟炸機隊形，一波接一波地投入到高射砲的攻擊火力之中，最後的結果自然是大批戰機在空中炸成碎片。

蘇聯的飛機設計進度並不像德國那般快速，因此蘇聯空軍的千百架老舊戰機，根本不是經驗豐富且裝備精良的德國空軍的對手。這種情形造成的結果之一是蘇聯飛行員採用孤注一擲的做法，直接在空中撞向敵機！有意思的是，既然一架過時的蘇聯戰機能夠換來一架德國現代戰機陪葬，蘇聯領導層沒有理由阻止這種行為。這種九死一生的做法被稱之為「衝撞」（taran），執行這種戰術的飛行員存活率似乎並不低，只要他們能在合適的高度

跳傘。謠言很快在德軍飛行員中傳開，即蘇聯的飛機安裝有特殊的裝甲推進器，以便幫助這種「衝撞」行為。

和陸軍及海軍一樣，從一九四一年十二月開始，「近衛」這一榮譽稱號用來獎勵取得良好戰績的蘇聯空軍部隊。這些飛行員都配發了一個紅白相間的彩飾小徽章，上面刻有「近衛」的字樣，佩戴在右胸口袋之上。這樣的圖案還噴漆在飛機的機身以及戰車的砲塔上。為了象徵對這種精英地位的認可，獲得這稱號的部隊會舉行一次精心準備的儀式。軍官和士兵單膝著地，聆聽國防人民委員會（People's Commissariat for Defense, NKO）的宣佈，然後他們的指揮官接過並親

↓這些女軍人隸屬於第47中隊，右邊的軍官身著蘇聯空軍新式軍服、1943式上衣及肩章。其他人仍然穿著二戰前無產階級式的制服。她們右胸口所佩帶的彩飾徽章表明這支中隊隸屬於近衛部隊。

吻新的旗幟。然後全體官兵跟隨他覆頌誓言：

　　在大愛國戰爭（Great Patriotic War）的艱難歲月中，我向祖國和黨發誓，我將戰鬥至最後一滴血，最後一口氣，並且必將獲勝。這就是近衛軍的信念。邁向勝利！列寧的黨萬歲。

　　近衛部隊（包括海陸空三軍的近衛部隊）一般都配發最先進的武器，規模也比一般編制更大。他們被當作先鋒矛頭，也將爲其他部隊樹立起英勇作戰的典範——曾經不可一世的德國陸軍和空軍並非不可戰勝的。

　　但採取「衝撞」這種絕望的手段，不管蘇聯媒體如何大肆宣傳，飛行員又得到何種豐厚的獎勵——生前授予或者是死後追授，也無法掩蓋蘇聯空軍在訓練、經驗及飛機性能方面遠遠落後於德軍這一事實。即使蘇聯的飛機產量在重新安置的工廠恢復生產之後迅速提升，蘇聯領空在接下來的兩年內仍然成爲軸心國空軍愉快的獵場。與戰車的情形正好相反，蘇聯飛機的種類過多，不可避免地導致生產能力過於分散。但隨著軍事的進行，和陸軍一樣，蘇聯空軍在實戰中不斷汲取著大量作戰經驗。

　　到一九四三年，蘇聯空軍已經開始裝備諸如拉瓦奇金La-5FN戰鬥機，它在速度上可以與德國的Fw 190 A-4及Bf 109 G-4相媲美。雅克列夫設計小組設計出了Yak-9

↑圖中後方的飛機正在暖機，而這架 II-2飛機的乘組員正在研究接下來的對地攻擊任務。II-2通常被稱之為「斯圖莫維克」。在1943年夏，它主要負責摧毀軸心國的裝甲及非裝甲車輛，是一款經典的對地攻擊機。

戰鬥機，在庫斯克會戰中投入使用，表現同樣出色。另外，根據「租借法案」，英國和美國也向蘇聯提供了大量的飛機。尤其值得一提的是貝爾（Bell）P-39「空中眼鏡蛇」戰鬥機（蘇聯得到了四千架），蘇聯第二王牌飛行員亞歷山大·波克雷什金（Alexander Pokryshkin）即駕駛這型飛機擊落了五十九架敵機。

　　P-39被蘇聯飛行員暱稱爲「小剃刀」（britchik，編按：俄軍俚語稱掃射爲「剃」），實戰證明它是一種理想的戰鬥攻擊機，因爲它的三十七公厘加農砲是從螺旋槳輪轂發射。後來，蘇聯的本土設計例如LaGG-3及Yak-9T都模仿了這種武器安裝在機鼻的設計。

　　在「衛城作戰」中，一種戰機在所有庫斯克突出部上空作戰的飛機中脫穎而出：Il-2「斯圖莫維克」（Shturmovik）——特殊用途

↑圖為圖波列夫（Tupolev）SB-2系列的一種衍生型飛機——SB-2bis。這型飛機經過升級之後，引擎更強，攜油量更大。防禦武器包括機首的兩挺7.62公厘機槍及背部和腹部砲塔上各有一挺7.62公厘機槍。

↓彼特雅柯夫（Petyakov） Pe-2具有多種衍生型，但生產出來的11427架多半被指派為攻擊轟炸機。除了三名乘組員外，它內部和外部還能攜載共1600公斤（3527磅）的炸彈。機首安裝了兩挺前射的固定式7.62公厘機槍。

對地攻擊機。這型飛機不但擁有威力巨大的武器系統，其機身的裝甲也足以抵擋輕型的地面砲火，確實是一種眞正可怕的武器，令德國戰車部隊打從心底畏懼。當蘇聯參謀本部做出在庫斯克進行縱深防禦的決定之後，對於蘇聯空軍角色的規劃，就比較出於更高層級的全盤考量，而非優先執行以前的作戰行動。

一九四三年五月，蘇聯空軍規模比一年之前增長了三倍，數量達到八千架。在德軍發動「衛城作戰」之前的幾個星期，蘇聯空軍使用長程轟炸部隊（ADD，裝備了Il-4戰機及「租借法案」所提供的北美B-25 米契爾〔Mitchell〕轟炸機）夜襲了蘇聯境內德軍佔領的最重要的幾個鐵路中心。五月三日，超過一百架的長程轟炸機攻擊了明斯克（Minsk）的鐵路匯結點，然後是戈梅利（Gomel），布里安斯克以及奧爾沙（Orsha）。在這些

←蘇聯地勤人員艱苦而複雜的工作，往往為飛行員的光芒所遮蓋。但是，如果沒有地勤人員細心和辛勤的工作，飛行員根本不可能發揮作用。仔細安裝彈鏈就是地勤人員相當重要的特色工作之一。

地點，當地的游擊隊受令破壞城鎮外的鐵路，迫使火車停下而阻塞，成爲蘇聯轟炸機的理想目標。

當德軍部隊及裝備最終抵達他們的前線集結地點時，他們在夜間遭到U-2轟炸機「縫紉機」（Nahmaschinen，德軍根據其發動機聲音所取的暱稱）編隊的空襲。這些U-2轟炸機中的一支編隊爲第

↓清晨，雅克列夫戰鬥機正準備起飛。從簡陋的偽裝看來，這裡不太可能會遭受敵軍空襲。雅克列夫系列的飛機除了可做為戰鬥機之外，它還能攜載高達200公斤（441磅）的外掛炸彈或火箭，這使它成為一種非常有用的武器。

↑一架圖波列夫 SB-2
正由其乘組員及一些人
協助推移。SB-2的設
計可追溯至三〇年代中
期,當時它被設計為一
種輕型轟炸機。它的內
部炸彈攜載量達600公
斤(1323磅)。SB-2
的一大優點是對機場地
面的要求很低。

46近衛女子夜間轟炸機團,是一個全女性航空團。至一九四五年時,蘇聯空軍共有三個全女性的航空團。

德國空軍基地也受到密切注意。在五月六日至八日之間,一百一十二架日間轟炸機、一百五十六架對地攻擊機及一百六十六架戰鬥機,對十七個德軍機場進行了一連串的聯合空襲。此次行動涉及六個航空軍團,目標遍及五條不同的戰線,其中起關鍵作用的是支援中部方面軍及弗洛奈士方面軍的第16航空軍團及第2航空軍團。

接下來的兩個月內,這兩支航空軍團不斷對德軍的前進機場進行間歇性空襲。它們的指揮官都是經歷過史達林格勒保衛戰的資深將領:繼續指揮第16航空軍團的盧登科(S.I. Rudenko)將軍,及將第17航空軍團(支援西南方面軍)的指揮權交給蘇德茲(V.A. Sudets)將軍,然後取代斯米爾諾夫(Smirnov)將軍指揮第2航空軍團的克拉索夫斯基(S.A. Krasovski)將軍。緊鄰他們後方的是柯涅夫將軍指揮的後備方面軍(後來改名為「大草原方面軍」),由格瑞諾夫(S.K. Gorynov)的第5航空軍團提供支援。第5航空軍團從北高加索山脈調回之後進行了重組,其中大多數航空團之前已經轉調至凡捨寧(K. A. Vershnin)將軍的第4航空軍團或黑海艦隊的海軍航空隊。

盧登科和克拉索夫斯基還得到了蘇聯最高國防委員會(GKO)從航空預備隊中抽調的增援航空

軍，第16航空軍團獲得了尤馬舍夫（Yumashev）的第6戰鬥機航空軍、克拉維特斯基（Karavitski）的第3轟炸機航空軍、以及安托什金（Antoshkin）的第6混合航空軍，而第2航空軍團則獲得了波德戈爾內（Podgorny）的第4戰鬥機航空軍、波爾賓（Polbin）的第1轟炸機航空軍、以及梁贊諾夫（Ryazanov）的第1斯圖莫維克航空軍。加上從旁協助攻擊的第17航空軍團及一些ADD支援部隊，俄軍總共準備了二千五百架至三千架飛機，它們已做好準備，只等德軍進攻那一刻的最終來臨。

　　不過，從某方面來，蘇聯方面的準備並不充分。俄軍認為，最具威脅的衝擊應該來自於北方，但實際上，基地位於奧勒爾－布里安斯克地區的第6航空軍團只有七百三十架飛機。無論如何，蘇聯空軍的數量優勢仍非常明顯，所擁有的戰鬥機數量是德國空軍的兩倍——這很大一部分原因是朱可夫堅持大幅提高戰鬥機戰力以應付德國的攻勢，而俄軍的對地攻擊機數量更是德軍的數倍以上，只有日間轟炸機的數量少於德國空軍。蘇聯空軍行動的成功與否，將在很大程度上依賴於更新、武器更強、發動機性能更出色的Il-2戰機。

　　和史達林格勒保衛戰一樣，負責空中作戰整體協調的是空軍元帥諾維可夫（Novikov），他直接聽令於史達林的副手朱可夫。他的兩個副手分別是空軍第一副司令沃羅熱伊金（A.V. Vorozheikin）將軍及

↑一名飛行員與及維修人員正在討論如何調整這架戰機。這架飛機是MiG-3，最大航速可達時速640公里（398英里），最大航程1195公里（742英里）。MiG-3做為戰鬥轟炸機表現出色，可攜載200公斤（440磅）外掛炸彈和火箭。

↓米高揚－格列維奇（Mikoyan-Gurevich，簡稱米格）的MiG-3是一型性能極為出色，但不好操控的飛機。它的武器系統包括一挺12.7公厘及一挺7.62公厘前射固定式機槍，安裝於機身前端的上部。儘管當初設計定位為高空戰鬥機，MiG-3仍可以外掛炸彈及火箭以執行地面攻擊任務。

↑庫斯克會戰的最後幾天，一架「斯圖莫維克」正準備從一座前進機場起飛。這是一架Il-2M飛機，在裝甲厚重的座艙區安裝有一挺12.7公釐朝後方開火的機槍，在機翼前緣安裝有兩門23公釐前射加農砲。除此之外，這架出色的飛機還能攜載高達1000公斤（2205磅）的火箭或炸彈。

新上任的空軍參謀總長庫迪亞科夫（Khudyakov）將軍。次一級的司令部和管控中心的網絡在突出部建立了起來，空軍指揮官的代表也入駐負責防禦德軍首次進攻的陸軍部隊指揮所。盧登科的副手科西克（Kosykh）少將進駐普寇夫第13軍團（面對摩德爾的軍隊）的總部，他擁有召喚空中支援及分派攻擊任務的優先權。

俄軍建造了大量的輔助跑道和緊急跑道，並擴大了現有的機場，其中三分之一是欺騙德國空軍用的誘餌和幌子。整體來看，俄軍機場離前線的距離，比德軍機場來得更遠。七月四日時，當德國航空中隊飛至離前線十八至二十公里（十一至十二英里）的機場，一些前線的戰鬥機跑道也才離前線僅五公里（三英里）時，蘇聯的戰鬥機實際上停放於離前線二十五至四十九公里（十五‧五至三十‧六英里）的機場上，斯圖莫維克飛機離前線則是六十至七十公里（三十七至四十三‧五英里），而轟炸機更是遠離前線一百二十至一百三十公里（七十四‧五至八十一英里）。

儘管這是根據蘇聯的防禦計劃所作的安排，但也表明德國空軍攻擊前進機場的能力猛烈且出其不意，已受到俄軍的重視。蘇聯空軍也學會了寧可出動十八至三十架戰鬥機在前線上空巡邏，也好過於冒著任人宰割的風險將戰機待命在前

線的跑道上。最終的準備包括指派護航戰鬥機及規定會合時間、與鄰近空軍部隊合作支援的協條、飛機呼號的分配以及修理和回收服務的就緒。

　　總體上，德軍空軍的活動在「衛城作戰」開始之前就有所減弱，使得俄軍可以完成大量的準備工作。即使如此，從後來的案例來看，這仍不足以防止俄軍在壓力下有效率的空中管制頓時瓦解。在等待起飛之前，各航空團的政委都會進行一次激勵士氣的動員。當飛行員收到來自剛解放領土的親戚來信時，政委都會向集合的部隊大聲朗讀信中痛斥黨衛軍暴行的內容，激勵飛行員在即將到來的戰鬥中為同胞復仇。許多戰機在機身上漆有

「復仇」及「該死的法西斯」等口號，這種復仇怒火充斥他們的內心，遠比愛國情操更加猛烈。

　　七月五日黎明，晴朗而溫暖。貝爾哥羅，卡爾可夫，波塔瓦（Poltava），及第聶伯城（Dnepropetrovsk）的機場跑道上塵土飛揚，第8航空軍的Ju88及He 111轟炸機列隊完畢，即將起飛進行「衛城作戰」的第一波空中攻勢，正在此時，無線電監聽部隊回報蘇聯空中通訊大幅增加，不久之後，位於卡爾可夫的「芙芮亞」雷達偵測到一支大型飛行編隊自東方接近。這支編隊包括俄軍第2航空軍團及第17航空軍團的一百三十二架斯圖莫維克戰機及二百八十五架戰鬥機，他們的任務是在德軍

↓散落一地的斯圖卡攻擊機的殘骸，標誌著德國空軍雄霸東線戰場上空的時代已然終結。斯圖卡動力不足且武裝簡陋，一失去戰鬥機的保護，往往成為越來越有信心的蘇聯戰鬥機飛行員的脆弱目標。

↑ 天空是他們的天下，但俄國空軍在庫斯克突出部的表現更勝以往，對德國飛行員來說是個重大的打擊。

↓ 圖中的「斯圖莫維克」型號為II-2M3，機翼上安裝有37公厘反戰車砲。除此之外，II-2系列飛機在機翼上都安裝有兩挺7.62公厘機槍。這些蘇聯空軍軍官正在討論降落傘上的彈孔，這個降落傘屬於他們一名跳傘得救的同志。

戰鬥機未起飛前，先行摧毀地面上的德軍轟炸機。但這次先發制人的攻擊並沒有成功。德軍匆忙集結卡爾可夫以東及米科亞諾夫卡（Mikoyanovka）附近的Bf 109 G飛機（隸屬於第三戰鬥機聯隊〔Jagdgeschwader〕及第52戰鬥機聯隊），將蘇聯戰機攔截了下來，並宣稱在空戰中共擊落一百二十架敵機。

在突出部北部地區，德軍回報說，蘇聯的戰鬥機在接近傍晚時才對第1空降師的行動做出反應，在夜幕降臨之前，第51戰鬥機聯隊及第54戰鬥機聯隊的Fw 190戰鬥機宣稱擊落一百一十五架敵機。由於黎明時對德軍採取先制攻擊投入了大批戰鬥機，蘇聯空軍的力量已經

不足以在突出部南側挑戰德軍的空中優勢，而在北部，蘇聯對於德國空軍的攻擊反應遲緩並且毫無效果。負責掩護前線作戰的兩支戰鬥機航空軍——尤馬舍夫的第6戰鬥機航空軍（支援中部方面軍）以及克里莫夫（Klimov）的第5戰鬥機航空軍（支援弗洛奈士方面軍）——都無法完成任務。由於沒有足夠的空中掩護，蘇聯地面部隊失去了信心，德國陸軍逐步撕開俄軍的防禦。諾維可夫不得不注意戰鬥機成效不彰的原因，在經過調查之後，他將尤馬舍夫及克里莫夫雙雙撤職，分別任命耶爾金（Yerlykin）少將及卡魯諾夫（Galunov）少將爲第6和第5戰鬥機航空軍的指揮官。

蘇聯空軍對於德國裝甲部隊的攻擊在一開始同樣以失敗告終。儘管攜載了新型反戰車炸彈，並且裝備了RS-82火箭及更加威猛的三十七公厘加農砲，Il-2斯圖莫維克飛機卻無法突破敵軍機群，攔下德軍裝甲部隊。小編隊的Il-2及Pe-2經常沒有戰鬥機護航，以至於一看到有危險徵兆便放棄任務。

根據庫迪亞科夫的命令，斯圖莫維克機群開始以較大的編隊飛行，達到航空團的規模將使護航任務更加容易，同時也讓Il-2能夠突入敵軍上空，並以龐大的數量及持續的攻擊來壓制德軍的地面火力。這些飛行編隊採用交錯並排隊形，在有利的情況下，Il-2不再低空快速飛越敵軍上方進行炸射，而是在一千公尺（三千二百八十英尺）的

↑為評估轟炸成果，蘇聯戰機飛越受到猛烈空襲的「庫斯克戰區的某個地方」上空。就在這裡，蘇聯空軍首次從德國空軍手裡奪過制空權。一旦得手，這一優勢就再也沒有拱手相讓。

高度以下，以三十至四十度角實行俯衝，在離目標二百至三百公尺（六百五十六至九百八十四呎）處投下炸彈或發射火箭，然後回頭飛至敵軍上方用加農砲和機槍反覆攻擊。

第二天結束時，蘇聯空軍在突出部北部所遭遇的問題已獲得解決，成功遏制住了德軍戰鬥機，儘管對德國轟炸機仍是無可奈何。但從七月七日開始，第16航空軍團開始發揮作用，德國飛機接二連三被擊落。七月八日，庫迪亞科夫已可以就斯圖莫維克戰機能力的改善向上級報告，德國空軍在作戰區域的

制空權逐漸喪失。德國空軍的補充兵力不斷消耗，無法維持飛行中隊在滿編狀態，而蘇聯空軍則等到了這個翻身機會，可以更加自由地飛臨德軍戰線。

即便不是在整個戰鬥區域，德國人在某些特定地區仍然能夠有效執行地面支援任務，但是，他們的優勢正以一種令人警覺的速度消逝。到了有所斬獲的地面攻勢停止時，德國空軍的力量已被大大減弱。

突出部南部的情形也大同小異。蘇聯空軍壓倒性的數量以及不斷增長的戰鬥經驗蠶食著處於下風的德國空軍，至七月十一日，德國空軍已只能在狹小的區域取得戰果，比如支援第2黨衛裝甲軍衝向普羅科洛夫卡。正如羅特米斯托夫從其指揮所觀察到的普羅科洛夫卡戰場情形：

「同一時間，雙方在空中也展開了激烈的搏殺。蘇聯和德國的飛行員都試圖幫助自己的地面部隊贏得這場戰鬥。轟炸機、對地支援機、以及戰鬥機彷彿無止盡地在普羅科洛夫卡上空盤旋。空戰一場接一場地上演。不久，殘骸燃燒的濃煙瀰漫了整個天空。」

如果普羅科洛夫卡的戰鬥真如柯涅夫所描述的那樣，是「德軍裝甲部隊的哀歌」，那麼「衛城作戰」就標誌著蘇聯空軍時代的到來。自戰爭爆發之後，蘇聯空軍第一次與德國空軍幾乎勢均力敵，儘管離最終的勝利尚有很長一段路，蘇聯空軍已令希特勒的空軍折了雙翼，並且重新掌握了本國領空的主導權。

↓十年前的玻利卡波夫（Polikarpov）I-16在1943年已經過時，但仍被蘇聯空軍做為前線的戰鬥轟炸機大量使用。它的時速只有489公里（304英里），在速度更快、操控性更佳的德軍戰鬥機面前只有挨打的份。這型戰機在庫斯克戰場損失慘重，隨後便退出了現役。

第七章
波尼里的殺戮

在突出部北部，德軍傾盡全力進攻波尼里村——庫斯克公路及鐵路的彙集點，試圖由此擊穿中部方面軍的第二道防禦帶。

↑上！上！上！紅軍士兵從建築物的廢墟中躍出。手持PPSh衝鋒槍的低階軍官將為他們提供火力掩護。這個場景應該發生於7月10日下午「波尼里東邊的一個村莊」。士兵都戴著常見的船形帽，而軍官則戴著大盤帽（furashka）。

對於庫斯克突出部以北的德軍來說，作戰目標非常明確。他們必須突破中部方面軍的第二道防禦帶，也就是波尼里村一帶，以及西邊約十公里的奧爾霍瓦特卡以北的地區。波尼里在戰術上的重要性，雙方都非常清楚：它控制著庫斯克往北方的所有公路和鐵路。蘇聯參謀總長在研究庫斯克會戰時如是描述：

「七月七日最激烈的戰事發生在波尼里，蘇聯第307步兵師憑藉著一個堅強的防線核心控制著這地區。」

很明顯，這地點的重要性在於：

「守住此地，我們的部隊就可以從側面攻擊沿馬洛阿格爾斯克與奧爾霍瓦特卡一線進攻的敵軍。德軍同樣理解該這個防線核心的重要性，他們決定於七月七日不惜任何代價攻下它，這樣他們才能不受約束地朝南方推進。」

德軍第292步兵師在第一天就佔領了波尼里村北方郊區的鐵路路基，並建立起一個據點。但是，儘

↑一支卡秋莎編隊齊射的非凡情景。這種武器構造簡單卻能投送驚人的火力，是紅軍最可怕的武器之一。這些卡秋莎正在發射帶有18公斤（40磅）彈頭的132公厘火箭彈。

↓柯涅夫將軍龐大的大草原方面軍，是庫斯克突出部蘇聯防線的有力後盾，為紅軍的防禦提供支援及額外的防禦縱深。

管德軍於七月六日增兵，俄軍的奮死抵抗令他們毫無進展。殘酷的教訓已使蘇聯指揮官懂得，與虎式戰車的八八公厘砲進行遠距離交戰是自取滅亡。因此，所有前線的蘇聯戰車都奉命進入地下掩體，只留砲塔在外面，並「只在適當的地點與敵軍步兵和輕型戰車進行陣地戰。」

鋼鐵洪流

破曉時分，德國陸軍發起進攻。在第18裝甲師的支援下，第292步兵師的士兵兇猛地衝向由蘇聯第307步兵師把守的防線。德軍每一回都略有斬獲，但是傷亡不斷增加。糾結纏繞的鐵絲網、大量埋藏的地雷，令得德軍步兵傷痕累累；正當裝甲部隊打算在俄軍火箭、砲彈與子彈所構成的鋼鐵洪流中殺出一條路時，更多的地雷炸毀了三號及四號戰車的履帶。

隨著天光漸亮，數十輛燃燒的戰車冒出濃密的黑煙，薰黑了整個天空。斯圖莫維克和斯圖卡在空中跳著致命的「芭蕾舞」，將地上不知名的人員和車輛一一送上西天。呼嘯的戰機穿過戰鬥的濃煙，往往只有片刻時間可鎖定目標，難以保證擊中的一定是敵軍。在如此受限的作戰區域裡，不難想像有多少人員和戰車成為己方火力下的犧牲品。

最終，上午十時左右，一隊滿身塵土的德國步兵在五十輛戰車掩護下衝入了波尼里的南方郊區，充滿血絲的雙眼顯示他們已經筋疲力

盡。但是，此次勝利並沒有持續多久，第307步兵師（由恩辛〔M.A. Enshin〕少將指揮）的士兵有如幽靈般自廢墟中竄出，打得德軍措手不及。德軍邊打邊退，自一棟又一棟的建築逐次轉進，越過已被炸裂並且起火的友軍戰車殘骸，直到退回相對安全的區域──當初的攻擊發起線。

午時，霍斯收到了令人振奮的消息。在波尼里東方，一支由十二輛戰車及兩個營步兵組成的部隊在向波尼里郊區的推進過程中已經佔領了「第一國營五月農場」（1st May State Farm）。而在西邊，第9裝甲師已經擊退了俄軍第6近衛步兵師，並佔領了波尼里西方的一部分森林。

來自於兩個側翼的威脅令恩辛驟感壓力，為了解決這一問題，他派出第1023步兵團來阻擋德軍的前進。下午時，蘇聯增援部隊源源不斷趕到此地：第129戰車旅的戰車、第13反戰車旅的砲兵連、以及第1442自走砲團。

雙方你來我往，慘烈的波尼里爭奪戰持續了一整個夏日午後，在手上武器逐漸發燙的士兵眼裡，起火的建築物與車輛只不過是增添些許不適罷了。對於雙方這些身處瓦礫碎石之間備受煎熬的士兵來說，水和彈藥成了相當珍貴的物資。他們只能用尿來冷卻熱得發燙的槍管，使它們可以繼續傾洩奪命的子彈。傍晚來臨之際，德軍欣喜地發現他們的辛勞沒有白費，他們已從對手裡奪得了半個村莊。正如一

↑緊繃著臉的戰車隨乘步兵等待著攻擊命令。這輛1943式T-34戰車的車長站在砲塔上查看周遭戰況。砲塔側面隱約可見的應該是部隊編號或者愛國口號。一條寬大的白色條形穿過砲塔頂部表面，在庫斯克的戰鬥中，這是雙方飛行員識別蘇聯戰車的依據。在戰爭的這一階段，蘇聯還很少使用紅五星這一國家標誌。

↓左邊的士兵是一位名叫庫茲涅在夫（Kuznetsov）的近衛士兵。此時，庫茲涅在夫似乎正向部隊的政委提交共產黨的入黨申請書。庫茲涅在夫很幸運地從他即將參加的行動中存活下來，並獲得了一枚英勇獎章。

↑在攻擊波尼里時，一名虎式戰車的乘員正在享受難得的休息時刻。從砲塔上的彈孔來看，這輛戰車一直處於戰鬥狀態。虎式戰車性能優異，但德軍裝備的數量非常有限。比如，在庫斯克會戰開始時，第9軍團總共只裝備了31輛虎式戰車。

↓一個步兵班小心翼翼經過一輛廢棄的三號G型突擊砲。這輛突擊砲安裝了105公厘的突擊榴彈砲（Sturmhaubitze 42）。一架MG 34機槍安裝在上層結構的頂部做為近戰防禦武器，配有六百發子彈。圖中明顯可以看到該型戰車的裝甲護裙較為薄弱。

↑圖中這五位頭髮斑白的游擊隊員據說是「奧勒爾地區游擊組織最老的成員」。他們手中握的全是新式PPSh衝鋒槍，身上混穿著平民衣服和軍裝。頭上的皮帽都裝飾了一條紅色飾帶，表明了他們的政治傾向。

↓這些德國俘虜的緊張不安從他們的肢體語言中一覽無遺，尤其是右邊的這位高階士官。如同圖中所見，戰時的俘虜經常會被脫去靴子，以防止他們逃跑。中間這名俘虜穿著1942式蘆葦綠的夏季野戰服。

名德國人後來所寫的：

「波尼里，一座已精疲力竭的村莊，其中二五三‧五高地是庫斯克突出部中的史達林格勒。雙方搶奪最激烈的據點是牽引機廠、火車站、學校以及水塔。」

無論爭奪波尼里的戰鬥是如何驚心動魄，在摩德爾眼裡，奧爾霍瓦特卡同等重要。連綿的高地，自此處開始朝南方降低。庫斯克較奧爾霍瓦特卡低一百五十公尺（一百三十三碼），處於後者的俯瞰範圍之內。為了控制這些高地，摩德爾決定減少攻打波尼里的兵力，下令第2裝甲師、第505重戰車營的虎式戰車及第20裝甲師向右攻擊薩摩都羅夫卡和奧爾霍瓦特卡之間的蘇聯防線。這裡是蘇聯第13軍團的第二道防禦帶，昨天才剛花一整天的時

間強化過。依循同樣的戰術，德軍戰車進行集結之時，德國空軍及砲兵就猛轟蘇聯的守軍。但是不管進攻如何猛烈，德軍仍只取得了局部勝利。蘇聯方面如此描述戰況：

「一支大型戰車隊伍穿透了防線，佔領了泰普羅伊（Teploe）。然而，附近第70及第175師堅守陣地，寸步不移。在薩摩都羅夫卡方向投入他們的預備隊之後，成功堵住了德軍撕開的裂口，將衝入防線的戰車和步兵與敵軍主力部隊隔離開來。泰普羅伊一帶的德軍戰車不斷試圖與他們在薩摩都羅夫卡附近的部隊會合，但沒有成功，最終被我們的反戰車部隊消滅。」

在與主力部隊分散之後，德軍戰車和步兵試圖衝出包圍圈。隨著落日的光線使地面上的影子越拉越長，蘇聯工兵用莫洛托夫雞尾酒、手榴彈和地雷與德軍戰車玩起了致命遊戲，將敵軍逐一獵殺。

戰鬥漸漸中止。第9軍團雖然得以往前推進，但犧牲了不少士兵和戰車。不摩德爾手中還有一張王牌：剛剛抵達的一百零一輛戰車——由狄特里希·馮·沙肯（Dietrich von Saucken）將軍指揮的第4裝甲師。他希望用這支部隊突破蘇聯的防線，首當其衝的將是薩摩都羅夫卡。

然而，並非摩德爾，而是羅柯索夫斯基首先發動攻擊。七月八日拂曉，第307步兵師的士兵如潮水般湧過波尼里車站的廢墟。第51和第103戰車旅同時進攻第一國營五

↓兩位穿著整齊的女性狙擊手，裝備著莫辛納干91/30狙擊步槍及PU瞄準鏡。她們的1943式軍服外頭套了一件偽裝服。狙擊手通常是從平民射擊俱樂部中徵募而來。在瞬息萬變的庫斯克戰場上，蘇聯狙擊手是時刻縈繞在德國官兵心頭的惡夢。

↑影片中的紅軍衝鋒鏡頭。儘管很多蘇聯照片都是在擺好姿勢後才拍攝，蘇聯戰地攝影師同樣是冒著巨大風險進行實地攝影，結果自然是傷亡慘重。出於安全的考量，很多戰爭畫面被蘇聯官方禁止發佈。

←手持來福槍的蘇聯步兵衝過一座雜草茂盛的花園。在它們的主人因危險來臨而撤離之後，這些昔日受到細心照顧的花園如今滿是瘋狂生長的野生植物。在這些區域，高大的植物使可見度大為受限。步兵攻擊時由機槍小組進行掩護已經成為慣例。

↑1937式45公厘戰防砲是一種輕巧、搬移容易的武器，同時還可兼作步兵支援火砲。因此，它是適合簡陋地形或建築物眾多的地區使用的理想武器，就如圖中所示。薄弱的裝甲護盾只能為砲手提供些許保護，使他們免於輕兵器的火力。

月農場，並於三小時後奪得此地。蘇聯方面聲稱在「攻擊中擊毀了十六輛虎式戰車和二十四輛中型戰車」，他們總共擁有一百四十輛戰車。

蘇聯士兵像魔鬼附身一般瘋狂戰鬥，利用金屬、石塊、屍體及各種可用的物體作掩護，逐漸將他們的死敵擊退。在這種野蠻的近距離巷戰中，士兵們用刺刀刺，匕首扎，揮舞著任何可利用的物品將對方致於死地。在奪回部份村莊後，蘇聯軍隊遭到德軍多次反撲，卻幾乎沒有後退半步。

摩德爾及俄軍第13軍指揮官普寇夫都開始動用預備隊。在接下來的四十八小時裡，雙方的精英部隊

——俄軍第3及第4近衛空降師、德軍第10裝甲擲彈兵師和第31步兵師都加入這場大混戰。七月九日，德軍第508擲彈兵團在六輛象式戰車支援下，向二五三‧三高地發起了進攻。德軍相信象式戰車的厚重裝甲能夠幫助他們突破敵軍的防線，撕開一個裂口讓隨後跟上的支援步兵向兩翼橫掃。二五三‧三號高地落入德軍之手，但由於戰力不足，他們無法擴大戰果。

七月十一日的前幾個小時，摩德爾打出了他最後一張牌，第10裝甲擲彈師。該師向已化為廢墟的波尼里展開一連串瘋狂的猛攻。儘管德軍奪下了絕大部分的村子，由於傷亡慘重，他們已經不可能繼續向

↑廢墟中的戰鬥之所以如此棘手，就是因為雙方全都擠在一小片地區內交手。俄軍士兵手中握的都是PPSh衝鋒槍——在火力強度比命中率更重要的情況下，這是一種非常理想的武器。波尼里村的慘烈巷戰，使它獲得了「庫斯克的史達林格勒」的稱號。

↓中間偏左的地方隱約可看到的一個標誌，表明這間房屋是德軍一個指揮部的所在地。石牆倒塌揚起了大量的塵土，令屋內能見度極低，這張圖片真實地呈現了街巷中戰鬥所冒的風險。在這種環境下，不少士兵往往因友軍誤擊而傷亡。

前推進。在西面，蘇聯第17近衛步兵軍承受了德軍的全力進攻。在步兵的緊密掩護下，一波又一波的德軍戰車以六十至一百輛為一組，向奧爾霍瓦特卡北方的山脈、薩摩都羅夫卡及二五七高地挺進。一位德國目擊者如此描述：

「七月八日，在炎熱的烈日下，第20裝甲師的擲彈兵們在薩摩都羅夫卡村附近陷入了苦戰。不到一小時，第112裝甲擲彈兵團第五連的所有軍官都已陣亡或負傷。儘管如此，擲彈兵們仍然掃過農田，奪下戰壕並且挖掘新的工事。這次行動打掉了幾個營。

「在這場激烈的遭遇戰附近不遠處，第4裝甲師已經突破蘇聯第175及第70近衛步兵師交接處的第二道防線，並佔領了泰普羅伊。

「這個營已經損失了一百多人。但師長不希望讓俄軍有時間反應過來。第3裝甲團及第35裝甲團在村莊（泰普羅伊）的邊緣會合，裝甲運兵車也加入了進來。俯衝轟炸機從我們頭頂上呼嘯而過，飛向俄軍的陣地。

「就在此時！

「對面的斜坡上是蘇聯第3戰防砲旅。此外，T-34戰車都進入地下掩體。他們的側翼由一支步兵營掩護，該營裝備了戰防槍，儘管結構簡單，但在近距離同樣對戰車具有強大的殺傷力……

「向前衝過幾百碼之後，德國擲彈兵紛紛趴在地上動彈不得。俄軍幾百門火砲都集中在這一塊狹小的區域，根本沒有辦法穿越。只有

戰車能在這火網中前進。

「蘇聯砲兵任由它們駛至五百碼，然後是四百碼。在這個距離下，即使是虎式戰車也無法在蘇聯戰防砲的攻擊下倖免。

「關鍵時刻，三輛四號戰車衝入第一個蘇聯砲兵陣地。擲彈兵緊隨其後。他們攻佔了高地。緊接著，他們又被俄軍隨即展開的反擊趕退。

「戰鬥在泰普羅伊前方地帶整整肆虐了三個小時。第33裝甲擲彈兵團在猛攻下奪取了這塊陣地，隨即再次被擊退。

「鄰近的第六步兵師也遭遇到類似強況，與敵軍激烈爭奪二七四高地（位於奧爾霍瓦特卡）展開激烈爭奪，卻被壓制在斜坡上無法前進。」

從蘇聯的角度來看，二五七高地是第17近衛步兵軍防禦區域的關鍵要地。

「……敵軍再次展開進攻，打

↑這張照片攝於7月9日至12日之間，此時德蘇雙方在波尼里正陷於僵持不下的拉鋸戰，圖中這支步兵班的機槍組正穿過波尼里火車站。至7月12日，德軍已經佔據了波尼里的大部分街道。但是，由於蘇聯的頑強防禦，他們仍沒有形成有效的突破。

←←圖為已「陣亡」（gefallen）的士兵。這些德軍的屍體無聲而有力地證明了在「庫斯克的史達林格勒」所發生的戰鬥是如何殘酷。背景中的建築物應該是一所學校，德軍的主要目標之一。圖中SU-76右邊的履帶護板明顯受損，並且車身正面裝甲染著觸目驚心的血漬。

↑一個排的蘇聯紅軍正朝一個不知名的村莊發起逆襲。圖中屋舍的茅草屋頂及木瓦屋頂混雜，是蘇聯這一地區典型的鄉村建築。這些衝鋒的士兵手中握著的大多是步槍。

算從波尼里至薩摩都羅夫卡一帶突穿我們的防禦。德軍在這裡發動了四次進攻，每一次都遭遇精心安排、各式武器所交織的火網。

「最激烈的戰鬥發生於二五七高地……德軍發動了三次進攻，戰車以六十至一百輛為一組，同時從東北方和北方向我軍攻來。德軍步兵冒著我軍的槍林彈雨，試圖以戰車的鋼鐵之軀為掩護攻向高地。至十七時，敵軍成功佔領這處高地，但進一步的推進受到遏制。在第17

近衛步兵軍剩餘的戰線區段，敵軍完全沒有佔到便宜。

「因此在七月八日，沿著這條軸線一番苦戰之後，德軍並未獲得重大成果，其突破奧爾霍瓦特卡的最終嘗試以失敗告終。」

凡爾登再現

當地的一位蘇聯軍官的報告這樣描述：

「敵軍已經佔領了卡夏拉（Kashara）、庫祖卡（Kutyurka）、

摩德爾對奧爾霍瓦特卡發起最後的全力猛攻，圖中這群四號戰車正全速向前衝
鋒。摩德爾集結了第2、第4、及第20裝甲師的所有戰車和突擊砲，在戰鬥轟
炸機以及步兵的支援下，試圖一舉粉碎俄軍的防禦。然而，儘管讓紅軍也付出
了可怕的代價，德軍再度在敵軍的堅強防禦下敗下陣來。「衛城作戰」的北方
之鉗的鋒芒最終被消磨殆盡。

↑一架不知所屬中隊的MiG-3飛行員在起飛前查看座標圖。此時，蘇聯空軍使用機身標記的情形比陸軍更為普遍。這名飛行員的佩槍是蘇聯配發的標準配備，1895型7.62公厘納干手槍。

↓一隊經過精巧偽裝的砲兵車隊正前往新陣地。這些火砲由美製US-6斯蒂倍克2.54公噸貨車拖曳。多虧「租借法案」提供了大量諸如這些貨車的車輛，蘇聯紅軍砲兵幾乎完全實現了摩托化。

波哥瑞羅夫提（Pogorelovtsy）及薩摩都羅夫卡。他們在泰普羅伊聚集了兩百輛戰車和摩托化步兵，正準備發起第二次正面進攻。

「第1及第7砲兵連損失慘重，但他們沒有後退一步。敵軍有四十輛戰車被摧毀。第一個戰防槍營已經損失了百分之七十的兵力。

「第2、第3砲兵連，以及第二個戰防槍營已經準備接敵。我和他們聯絡過，他們將會有一場苦戰。我們寧死也絕不會後退。我需要所有型號的彈藥。我已經投入了所有預備隊。請指示。」

這份報告流露出不惜任何代價也要死守陣線的決心，而俄軍的確做到了。

七月八日並無獲得重大進展，迫使摩德爾隔天上午浪費寶貴的時間重組部隊，準備對奧爾霍瓦特卡

發動最後全力一搏。德軍將踏過之前進攻失利留下來的焦黑屍體和戰車殘骸，再一次向前推進。

摩德爾將第2、第4及第20裝甲師的戰車和突擊砲近三百輛裝甲車集中在一起，準備對蘇聯的防禦帶發起最後一搏。當一波波斯圖卡俯衝轟炸機將數以噸計的高爆炸彈傾洩在二七四高地低坡處的蘇聯防禦陣地上，第6步兵師的德國步兵則是靜靜等待著攻擊命令響起，準備為裝甲力量提供掩護，他們的耳邊盡是飛機呼嘯而過的尖嘯聲。成千上萬的德軍砲彈和迫擊砲彈震撼了地表，恍若一戰時凡爾登之戰的畫面再現。

經歷這般密如狂風驟雨般的轟擊之後，在德國步兵眼裡看來，似乎不會有什麼活物擋在他們面前了。隨著最後一發砲彈的爆炸及斯

圖卡戰機的回航，短暫的死寂隨即被戰車引擎的怒吼打破，數百條戰車履帶發出的金屬摩擦聲正宣告著：德軍又再度展開攻擊了！蘇聯砲兵絲毫不為所動，盯著滿山遍野的「希特勒的惡棍」 殺氣騰騰地逼近他們。

才幾分鐘，頭一批德軍步兵馬上就重新體驗父執輩在一次大戰西線的經歷，瞭解到剛才的砲火轟擊不過是蹩腳的鐵絲剪，沒有對敵軍造成多大殺傷效果。到處都有士兵因為踩中地雷，或者是被子彈擊中而倒下，但是他們繼續向前推進。整個下午，德國第6步兵師的士兵們都在奮不顧身地衝向蘇聯防線，殺向迷宮般的戰壕、帶刺的鐵絲網以及蘇聯步兵。

摩德爾的重組攻勢給了俄軍調來預備隊的時間，第162步兵師快馬趕到，正是這支剛剛加入戰鬥的部隊直接導致德軍的失敗。局勢已經明白顯示，「衛城作戰」的北方之鉗並不夠鋒利，無法插入紅軍的防線。朱可夫和史達林確信七月十二日時，布里安斯克方面軍及西部方面軍應該要向奧勒爾進軍。

一份蘇聯報告如是說明：「七月十一日，敵軍開始在整個戰線上採取守勢，並開始在緊鄰前線的後方集結其殘破不全的裝甲師，準備隨後用來對付布里安斯克方面軍的部隊。」

至此，德軍第9軍團突破蘇聯防線的企圖全然破滅。如今德軍所有希望都放到了曼斯坦和南方集團軍身上。

→使用繳獲武器的歷史
就如戰爭本身一樣久
遠。一支蘇聯步兵班正
在進入一個典型的俄羅
斯中部村莊──房屋間
雜在農田之間。他們的
火力掩護武器是一挺繳
獲來的德軍MG 34機
槍，每分鐘能夠發射八
百發子彈。

↓一隊砲兵靜靜地等待
著車隊繼續前進，他們
裹上大衣以便抵禦夜間
的寒氣。前面的牽引機
是基於美國1920年之
前設計的產品。蘇聯防
禦區域的龐大運輸規模
表明他們在後勤方面取
得了非凡成就。

第八章
突出部的危機

在突出部南部，豪賽爾的第2黨衛裝甲軍及克諾貝斯多夫的第48
裝甲軍已經抵達了范屠亭的弗洛奈士方面軍的最後一道防禦帶。
如果不攔下他們的腳步，他們的突破將帶給阿道夫‧希特勒最終
的勝利。

　　為了牽制霍斯戰車部隊勢如破竹的推進，范屠亭打算將第1戰車軍團的第31戰車軍部署於豪賽爾第2黨衛裝甲軍的右翼，並將第2和第5近衛戰車軍部署於豪賽爾的左翼，使第2黨衛裝甲軍陷於兩面夾擊的困境。在西邊，第6戰車軍和第3機械化軍將攔在德國第48戰車軍前往奧波揚的路上。

　　第2和第10戰車軍及第5近衛戰車軍團，正十萬火急地前來支援弗洛奈士方面軍。范屠亭的部隊必須死守陣地，直到這些援軍抵達，這一點攸關著存亡。援軍的抵達時間關係著范屠亭作戰的成敗。如果弗洛奈士方面軍在德軍的巨大壓力下潰敗，前來支援的蘇聯部隊也將陷入遭遇戰的混戰之中。向後潰退毫

↑耐心、敏銳、以及全神貫注是任何偵察兵都不可缺少的素質。偵察兵是今日俄羅斯特種部隊（Spesnatz）的前身。在庫斯克的戰鬥中，像圖中士兵這類具有特種作戰任務的部隊，經常潛入德軍的陣線後方，攻擊德軍的補給部隊及彈藥庫。

↑203公厘的B-4式1931型榴彈砲，是俄軍中最重的武器之一。它的砲彈重達100公斤（220磅），只有使用圖中這種起重機才能裝填。這款榴彈砲使用牽引機拖曳至射擊陣地，履帶式的砲架使它能夠不受泥濘或惡劣地面影響。

↓這些蘇聯工兵冒著槍林彈雨在己方的鐵絲刺網下埋設地雷。穿越雷區的安全地帶隨時都在改變，而且多半是在德軍陣線後方。這些勇敢士兵的英勇事跡，到目前為止大多數仍不為人所知。

無組織的士兵反而將成為支援部隊的障礙。事實上，弗洛奈士方面軍有效的防禦時間越長，援軍及時趕到的機會就越大，同時也有越多的時間讓他們補給燃油、進行休整、以及部署戰車，為即將到來的大戰做好充分準備。

第48裝甲軍的目標

齊斯提亞可夫（I.M. Chistiakov）中將的第6近衛軍團與卡圖可夫（M.E. Katukov）第1戰車軍團的機動部隊沿皮那河、盧卡尼諾及波克羅夫卡東南方一線形成強有力的防禦。這些部隊同時還得到了范屠亭所有剩餘裝甲力量、反戰車部隊及戰鬥機部隊的支援。

在與紅軍參謀本部一如既往的

頻繁請示之後，後者勉強同意范屠亭模仿羅柯索夫斯基在突出部北部的做法，令他的戰車進入地下掩體，而不是浪費它們來迎擊德軍的長程武器。在集結超過六百輛戰鬥車輛之後，卡圖可夫的戰車軍及齊斯提亞可夫的近衛步兵非常清楚他們的勇氣即將受到嚴酷考驗。實際上，這場考驗比范屠亭所預期的要更快到來。

時間轉入七月七日這一天，德軍開始沿整個第4裝甲軍團的戰線發起一連串的攻擊。在破曉之時，第48裝甲軍已經轟隆隆地駛上前線。克諾貝斯多夫的部隊擔負著兩大任務：繼續向奧波揚前進，及掃蕩和保護第2黨衛裝甲軍的左翼。第三個任務將很快出現：在它向北

↑圖中塞齊洛夫（Senchilov）少將正為一組近衛部隊士官頒發獎章。在最近重新使用的肩章上，條紋、星星及刺繡圖形可以表明軍人的等級。他們所著的上衣為1943年之前的款式，船形帽瀟灑地歪向一邊那是當時典型的戴帽方式。

↓一如全世界的軍人，紅軍士兵也有他們休息和放鬆的片刻。圖中，一支番號不明的蘇聯近衛軍部隊正在欣賞樂團奏唱的流行音樂。手風琴是俄羅斯最受歡迎的樂器。隨著蘇聯的宣傳重點逐漸從政治的陳詞濫調轉為發揚愛國情操，安排這類娛樂活動就成了各部隊政委的責任。

↑蘇聯士兵正在享用他們的晚餐。除了那1940年的頭盔，圖中的場景簡直就是第一次世界大戰中戰壕的翻版。突出部的防禦帶建立在第一次世界大戰的防線之上，只不過再加上更多的木板與護牆來進行鞏固。圖中，整根的白樺樹樹幹被用來加固戰壕的兩側。

↓死亡的宣告？又一名蘇聯共產黨的申請者在展開戰鬥前填寫入黨表格。這是一名准下士。他的手腕上戴的應該是一只指南針。

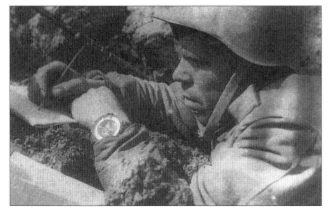

推進之時，第48裝甲軍的左翼也將受到威脅。

當德國空軍及砲兵結束轟擊之後，「大德意志」裝甲擲彈兵師及第11裝甲師的戰車衝入了橫跨在通往奧波揚公路上的第1軍團防禦陣地。總共三百輛戰車，包括將近四十輛豹式戰車，從賽茲耶夫（Sirtsev）和雅可夫列夫之間向前推進。儘管蘇聯部隊英勇抵抗，杜波瓦仍很快便陷落。德軍下一個目標將是西特席弗，蘇聯的記錄這樣描述：

「在反覆攻擊的過程中，敵軍增援部隊趕到，突破了防禦陣線，並且開始向北方及西北方擴散。第1及第3機械化旅經過苦戰後撤退。第35戰防砲團第三砲兵連的一個排據守著二五四・五高地的一個公路叉口的火力陣地。一隊敵軍戰車，其中包括虎式戰車，攻向了這座砲兵陣地，他們讓戰車接近至二百至三百公尺才開火，精確的打擊在幾分鐘內就使五輛虎式戰車起火。剩餘的戰車被迫撤退。」

第11裝甲師的部隊衝向西特席弗北方，而「大德意志」裝甲擲彈兵師則向東北方前進，這兩處都是多山區域。在「大德意志」師的戰車攻佔目標後就要對西特席弗發起正面進攻。「大德意志」師的官方歷史清楚地描述

了之後所發生的畫面。

「對進攻者來說相當不幸的是，此時豹式戰車已經蒙受了巨大的損失，而隊形完全展開的施特拉赫維茨（Strachwitz）戰車隊伍駛入了一個未被發現的地雷區，所有進一步行動因而受阻。『大德意志』裝甲擲彈兵團第1營的推進被迫暫時中止。戰車及裝甲擲彈兵在猛烈的火力下試圖維持他們的陣地，而戰車動彈不得使他們遭受了更多的損失……最終第1營剩餘的少數豹式戰車成功穿越了地雷區，在此過程中又於近午時陷入一場激烈的戰車遭遇戰之中。

「同時，在更遠的北方，『大德意志』裝甲擲彈兵團第2營向賽茲耶夫方向發起了一次攻擊，但推進得相當緩慢……敵軍猛烈的空中近接支援嚴重影響了我軍的推進，

在某些地方的戰鬥中我方遭受了慘重損失。推進過程緩慢而艱苦，在每一個陣地上都上演著激烈的近距離戰鬥。」

蘇聯方面對戰鬥的描述也呈現了一幅類似的畫面。

「在西特席弗北方的二三〇‧一高地一帶，列昂諾夫（M.T. Leonov）上校的第112戰車旅英勇地守住了他們的防禦陣地。這裡的激烈戰鬥一直持續到臨近深夜，在此過程中納粹黨部隊損失了十五輛戰車，其中有六輛虎式戰車。第112戰車旅也遭受了巨大損失，損失了十五輛戰車。」

賽茲耶夫落入德軍手中，蘇聯部隊撤往西特席弗、格瑞穆奇及維科皮尼（Verkhopen'e）。

第48裝甲軍的參謀長，在戰後如此描述俄軍的撤退：

↑　「諾莫科諾夫（Nomokonov）和卡那托夫（Kanatov）是全師最棒的狙擊手」，這張相片原本的標題如是寫道。狙擊手必須具備極高的耐心及對細節極強的觀察力，因此狙擊是紅軍受到高度尊敬的技術之一。7月14日，德軍第6裝甲師師長胡諾斯多夫就是被一名狙擊手擊殺於北頓內次河。

↑正前往普羅科洛夫卡的三號突擊砲，隸屬於第2黨衛裝甲軍。在庫斯克戰場上，這些車輛為德軍步兵提供了不可或缺的直射火力支援，而且其75公厘長管砲同樣可以對付戰車。

↓「大德意志」師的部隊，可能是戰防砲營，正在為一門50公厘戰防砲的射擊作準備。它可以在500公尺（547碼）的距離內擊毀一輛T-34。

「向後逃竄的大批士兵遭到德軍砲火的轟擊，傷亡慘重；我們的戰車阻力頓失，朝東北方挺進。」

及時趕到的支援部隊將即將潰散的蘇聯陣地再次撐了起來。臨近傍晚時，第112戰車旅的戰車終於逐次趕到。夜幕降臨時，大約六十輛第112戰車旅的戰車開始進攻「大德意志」師的裝甲偵察部隊及突擊砲營。德軍宣稱摧毀了三十五輛蘇聯戰車，而俄軍則宣稱摧毀了「……二十一輛敵軍戰車，其中有

六輛虎式戰車。」

一些裝甲擲彈兵犯下的錯誤導致「大德意志」裝甲師下令這些部隊前進。這些裝甲擲彈兵錯報了自己的位置，就如曼倫森（EW. Von Mellenthin）將軍所寫的：

「這些擲彈兵以為他們身處諾弗西羅夫卡（Nowosselowka, Novoselovka），堅決不相信他們只前進到格瑞穆奇（Gremutschy, Gremiuchii）。因此這些擲彈兵回報的勝利事實上是錯誤的。這種事在所有戰爭中都會發生，尤其在蘇聯更是難以避免。」

俄軍開始重新部署。在克里佛辛防線告急時負責支援的卡圖可夫，下令蓋特曼（A.L. Getman）少將的第6戰車軍轉入新的陣地，面向東邊正對皮那河對岸的維科皮尼南方，之後將發起一次逆襲以掩護第3機械化軍的撤退。這次進攻在黃昏時發起。當夜幕降臨，霍斯的部隊在戰鬥接近尾聲時也進行了調整。「大德意志」師的裝甲擲彈

兵冒著 東岸俄軍的火力，清除了殘留在皮那河西岸敵軍最後的抵抗。

　　對雙方士兵來說，想趁夜間休息一下也很不容易，就如一名德軍士兵所寫的：

　　「天空被砲火映得發紅，無數的砲彈憾動了整個大地，火箭彈連朝著剛辨識出來的目標開火。沒多久，蘇聯的『鴉群』就從空中對那些射擊陣地與其他目標投下大批炸彈。」

　　這會兒輪到德軍遭受突襲，正如前一天德軍向俄軍發動突然襲擊一樣。超過四十輛來自第3機械化軍的蘇聯戰車從西特席弗出發，試圖阻擋德軍。不幸的是，他們幾乎是立刻被「大德意志」師的虎式戰車連發現，很快便損失了十輛戰車。「大德意志」師的師史描述之後的行動：

　　「……第1裝甲擲彈兵營與戰車一起從東邊向西特席弗推進。他們冒著來自西岸的猛烈反戰車火力，大約在十二時三十分（莫斯科時間十四時三十分）進入村莊，之後他們肅清了西特席弗剩餘的蘇聯守軍。第3裝甲團從西邊為此次攻擊提供了支援。」

　　蘇聯的記錄也描繪了類似的場面：

　　「直至十三時，第10機械化旅、第1機械化旅的剩餘部隊以及第112戰車旅防頂住了德軍大約有二個步兵團及七十輛戰車的進攻，但同時在敵軍的空中及砲兵轟擊下損失慘重。十三時，第6戰

車軍軍長允許第112戰車旅從西特席弗後撤，退過皮那河並挖掘地下戰車掩體。」

　　沿著皮那河向北，「大德意志」師裝甲擲彈兵的行動在歷史學家的筆下是這樣的：

　　「……在維科皮尼東端與蘇聯戰車預備隊展開了激烈的交戰……當晚，在重新補給之後，高特博格（Gottberg）裝甲營（第2營）從西特席弗抽出，同樣被派往維科皮尼方向……沿皮那河的敵軍陣線向南北兩方延伸有一公里，這實在是一根很難啃的骨頭。皮那河西岸的敵軍火力極為有效，對於由東、南

↑就1943年而言，這明顯是一幅不合時宜的景象，但它一定會撼動一般蘇聯士兵的心弦——一輛無裝甲馬車（tachanka）。它基本上是將一挺馬克沁機槍安裝在馬車上，這種兵器在沙俄十月革命中曾贏得傳奇般美譽，如今在第二次世界大戰中繼續為紅軍效命。

↓兩輛T-34/76戰車正等待著加入戰鬥的命令。圖片遠處那輛戰車的砲塔上能看到一個編隊記號。這個記號為菱型，也是蘇聯軍事地圖上的戰車圖示。這種標記是用白色或黃色的油漆直接塗在戰車上。但是，當時俄軍尚未建構出一套旅、營、連或軍的識別編號系統。

↑蘇聯一個機關槍小組正衝往新的陣地,後面拖著他們的馬克沁重機槍。和大家都熟悉的沙科洛夫的輪式腳架一樣,馬克沁機槍也可以安裝在三腳架上射擊。但是,這種水冷式、加裝鋼板護盾的馬克沁機槍由於搬運不易,一般更傾向於使用輪式托架。

↓一輛卡秋莎火箭發射車。從攀附其上的乘員動作來判斷,這輛車正在高速行駛。這種武器在射擊時會產生濃密的煙霧,使它成為德軍砲兵或空軍反制措施的理想記號。擋風玻璃上方有一片裝甲薄片,火箭發射時可用來阻擋高熱傷及玻璃。

兩個方向進行攻擊的大部分擲彈兵來說,特別感到難以忍受。」

　　這座顯然不大的住民地之所以重要,在於當地跨越皮那河的那座橋樑的承載量,這座大橋偏又是俄軍拚死保護的目標。蘇聯官方歷史寫道:

　　「第200戰車旅掘壕固守指定防線並未成功,在敵軍的空中轟炸下蒙受了相當大的損失。當天,該旅挺住了敵軍十二次的攻擊,但在當日結束時,被迫撤至皮那河後方,開始將戰車開入地下掩體。」

　　在七月七日及八日取得勝利的鼓舞下,克諾貝斯多夫感覺普塞爾河彷彿伸手可得。的確,第48裝甲軍似乎即將撕開范屠亭防線的中段地區。但克諾貝斯多夫的右翼,第2黨衛裝甲軍的形勢又是如何呢?

　　在此次攻勢的最初兩天，豪賽爾的第2黨衛裝甲軍所屬部隊循著蘇聯最薄弱的防線，被吸引到普羅科洛夫卡。七月七日，黨衛軍朝著這個方向再次發起進攻。第2黨衛裝甲軍左翼的「骷髏」師推進至李波維頓內次河河谷，而「希特勒近衛」師的兩個裝甲擲彈兵團則向波克羅夫卡及波西麥亞奇基發動攻擊。蘇聯方面的記錄如下：

　　「在波克羅夫卡及米哈伊羅夫卡地區，敵軍攻向第1近衛戰車旅。多達一百架的敵機從空中投下了炸彈。敵軍所有試圖突破該旅防線的努力都沒有成功。同時，納粹黨部隊派出多達三十輛戰車及一個步兵營的進兵波克羅夫卡並佔領了它。這對第一近衛戰車旅的左翼造成了威脅。博多夫（A.F. Burdov）中校的第49戰車旅迅速趕到波克羅夫卡挽回局勢。他將敵軍趕出了波克羅夫卡，但在隨後的戰鬥中，他被迫向北方撤退，敵軍又再次佔領了波克羅夫卡。」

　　「『希特勒近衛』師的第1黨衛裝甲團和『帝國』師的第2黨衛裝甲團沿著普羅科洛夫卡公路繼續向前推進，驅趕著他們前方第5近衛戰車軍的一部份部隊，途中穿越並經過了泰特瑞維諾（Teterevino）。由於需要派遣兩個擲彈兵團來應付兩翼的蘇聯部隊，黨衛軍戰車部隊的速度才遲緩下來。

　　「更多擲彈兵營被派去支援『骷髏』師強化極為脆弱的側翼屏障。裝甲楔子的尖鋒與敵人苦戰之

↑戰鬥展開之前，一隊機槍兵正前往普羅科洛夫卡，經過了一輛被炸得面目全非的蘇聯卡車。這是一條由車輛軌跡開出的泥路，從圖中背景可以看出這一帶的地形開闊而無遮蔽。

↓邁向前線路上的片刻休息。脫隊的蘇聯步兵前去飲用馱馬運送的開水。陽光及沙塵對於這些士兵衣服的影響顯而易見，土黃色幾乎已經完全褪成白色。

時，側翼安全變得更爲重要。『希特勒近衛』師的記錄表明七月七日在這塊作戰區域中他們摧毀了紅軍四十一輛（後來上升爲七十五輛）戰車、十二架飛機、二十三門火砲、擄獲十三名逃兵及兩百四十四個戰俘。當晚，第2黨衛裝甲軍集結了『希特勒近衛』師及『帝國』師的戰車，準備第二天的作戰。

「上午六時，攻擊部隊集結完成後，兵力部署重點集中在這區段的右側，遠至貝爾哥羅通往奧波揚的公路，『希特勒近衛』師將在『帝國』師左側推進，目標是與諾弗西羅夫卡北方的第48裝甲軍會合。位於盧契基（Lutschiki）地區

的部隊也將出發，從向西轉爲向南，目標是奪取波西麥亞奇基。完成攻擊準備之後，應回報軍部。展開攻擊的命令將由軍部下達。」

「希特勒近衛」師的裝甲擲彈兵佔領了波西麥亞奇基，同時旗下的裝甲團前去攻打附近的蘇聯第242戰車旅。「骷髏」師的兩個擲彈兵團成功將第237戰車旅從葛雷斯諾（Gresnoe）逼退至普塞爾河。

然而，俄軍也有自己本身的攻擊計劃。「骷髏」師和「帝國」師直接衝進了博剋夫（V.G. Burkov）第10戰車軍的前進路線，這個軍擁有一百八十五輛戰車及自

↓一支摩托化偵察部隊正向前線進發。圖中車輛爲根據「租借協議」由美國提供的M3A1懷特（White）偵察車。進口車輛一般仍然使用原產國的塗裝，這裡的車輛是美國的綠褐色。武器是一架白朗寧點三〇吋中型機槍，同樣是美國製品。

走砲。博剋夫部隊的是刻意派來襲擊第2黨衛裝甲軍右翼的部隊之一，在預定好的同一時間，另一支俄軍部隊將同時向德軍第48裝甲軍左翼進行相似的攻擊。第10戰車軍在上午發動了一連串的進攻，但全都被擋了下來。

近傍晚之時，波卜夫將軍的第2戰車軍趕來支援博剋夫，可惜爲時已晚，他們同樣傷亡慘重地被擊退。第5近衛戰車軍的一百輛戰車在加里寧（Kalinin）、伊斯那亞波里亞那（Iasnaia Poliana）及周圍地區損失慘重，但受損最嚴重的是波迪涅（Burdeiny）的第2近衛戰車軍。

紅軍的戰車剛從他們過夜的森林中駛出，就被一隊亨樹爾Hs

129發現。領頭的霍普曼・梅爾（Hauptmann Meyer）立即召喚支援，叫來四個中隊的亨樹爾戰機輪番向敵軍戰車發動攻擊。他們的三〇公厘反戰車砲能夠有效地擊穿T-34的引擎室上方的裝甲，不到一小時，就有大約五十輛俄軍戰車起火燃燒。這是德軍一次輝煌的時刻，因爲這是戰爭史上首次僅憑空中武力就擊潰了一場裝甲攻勢。Fw190灑下如雨點般的人員殺傷彈將蘇聯步兵炸得血肉橫飛，整個場景宛如人間地獄。范屠亭意圖從豪賽爾後方迂迴包抄的希望，就此在這熊熊燃燒的大草原上破滅。

第2黨衛裝甲軍宣稱，七月八日他們至少摧毀了一百二十一輛蘇聯戰車。黨衛軍穩步向前推進，在

↑偵察步兵據守在一個剛剛奪到的德軍散兵坑中。他們身上背的袋子裡裝著他們的主要裝備、食物以及個人物品。在夏日的高溫下，屍體腐敗得非常快，因此很快會被掩埋。

↑由於缺乏顯著的高地，在蘇聯土地上蜿蜒的河流成為各防線的重要屏障。在清晨的薄霧中，一小支蘇聯部隊正在庫斯克地區的一條水道上執行警戒任務。為了避免馬達發出響聲，船多半是以篙撐船的方式緩慢推進。

↓一門隱蔽在戰壕裡的蘇聯1939型85公厘防空砲正準備開火。晴朗無雲的天空極適合空軍採取任何高度的作戰行動，但對於地面部隊來說同樣也提供了極佳的視野。砲手頭上戴的是1936式頭盔，上衣則是1943年之前的樣式。蘇聯的火砲一般都是維持出廠時的卡其色。

索洛帝諾（Sukho-Solotino）與第48裝甲軍會合。但是，豪賽爾不得不用「帝國」師來保護他的右翼，直到第3裝甲軍趕到填補這個位置。

肯夫兵團此時正忙著防衛自身的側翼，因為俄軍向馬斯洛瓦普里斯坦（Maslova Pristan）附近的第106步兵師及第320師發動了猛烈的逆襲。俄軍這次進攻不僅牽制住了德軍第7裝甲師的行動，而原本第106步兵師也應該能自側翼防衛中抽離出來。

不管如何，七月七日凌晨，第7裝甲師仍調出了一些部隊展開攻擊。由第503重戰車營的四十五輛虎式戰車作先鋒，第6裝甲師和第7裝甲師可用的部隊無人能擋地朝著

米亞索多佛（Miasoedovo）的重要公路樞紐前進。當天傍晚，俄軍投入第35近衛步兵軍的兩個師支援位於貝爾哥羅東方即將崩潰的防線。

在第3裝甲軍的左側，第19裝甲師佔領了俄軍第81近衛步兵師後方的布里澤尼加伊古門卡（Blizhniaia Igumenka），但未能渡過北頓內次河。讓肯夫憂慮的是，第168步兵師進攻俄軍北頓內次河及貝爾哥羅東方的防線並不順利。

七月八日，由虎式戰車領頭，第6裝甲師向前推進了八公里（四‧九英里），並奪下了李波維頓內次河以東、位於梅利科佛（Melikhovo）的第二個關鍵公路樞紐。但第19及第7裝甲師沒有能夠跟上腳步。儘管第3裝甲軍完全突破了俄軍北頓內次河以東的第一道防禦帶，他們未能突穿李波維頓內次河一線並來到俄軍的後方，即

貝爾哥羅東邊的地區。

紅軍第7近衛軍軍長——許米羅夫（M.S. Shumilov）中將所採用的反制措施極其有效，不但支援了防禦地帶，同時還不斷向肯夫兵團的右翼施加壓力。

七月七日及八日兩天，范屠亭的部隊成功守住了陣地，但也付出了不菲的代價。弗洛奈士方面軍幾乎投入了所有的預備隊，從其他地區趕來支援的部隊也全部投入戰

↑隨著「衛城作戰」逐漸化為一個屠宰場，更多的預備隊被運往前線。蘇聯軍官一般以馬代步，他們的任務是來回引導部隊並來回傳達命令。團長以上的指揮官則配有專車。

↓經過高度偽裝的砲兵部隊正路過一群好奇的庫斯克當地民眾。圖片右方這名雀躍的砲手坐在履帶式牽引車上。紅軍在1920年的蘇聯－波蘭戰爭中首先使用了半履帶式車輛。

↑在一個倉促設置的陣地上，一組防空砲兵正等著指揮官下令。

↓一名士兵正向一隊穿著1943年以前軍服的新兵簡要講解他們的新陣地。蘇聯紅軍所有兵種的裝備都極為簡陋，從本圖中也可以明顯看出這一點。

鬥。七月七日晚間的一個會議上，第6近衛軍團胸前掛著綵帶，赫魯雪夫向召集來的各級指揮官發表講話，他的措詞明確無誤地表露出不容失敗的決心：

「接下來兩三天的戰鬥將極為艱苦，它將決定是我們成功守住或是德軍攻下庫斯克。他們為這副牌已孤注一擲，對他們來說這攸關著存亡。我們務必要令他們鎩羽而歸。」

這番赤裸裸的聲明講得像真的一樣，如果沒有，至少在二十四小時之後也會應驗，那時來自大草原方面軍的戰車，將會前所未有地接近前線。

第九章
裝甲矛頭黨衛軍

隨著德軍攻勢的北部之鉗逐漸停頓下來，贏得庫斯克之戰勝利的
一切希望全落到了南方集團軍。曼斯坦的第2黨衛裝甲軍擁有最
精銳的部隊，為元首帶來勝利的責任落在了他們身上。

　　七月八日至九日的夜間，紅軍參謀本部加快了戰略預備隊的集結，命令羅特米斯托夫的第5近衛戰車軍團——總共三個機動軍，擁有五百九十三輛戰車及三十七輛自走砲，日夜兼程趕往普羅科洛夫卡，並聽從范屠亭的弗洛奈士方面軍指揮。同時，查多夫（A.S. Zhadov）將軍的第5近衛軍團轉歸

弗洛奈士方面軍指揮，並奉命將其兩個近衛步兵軍部署在奧波揚至普羅科洛夫卡的普塞爾河沿岸。查多夫的八萬人需要幾天時間才能就定位置。

　　同一時間，范屠亭在弗洛奈士方面軍內部進一步展開重新部署，以加強奧波揚公路沿線的防線。調整的結果是卡圖可夫的第4戰車軍

↑兩名「骷髏」師的裝甲擲彈兵在為下一回突擊作準備。這個師除了一個裝甲團以外，還擁有兩個裝甲擲彈兵團、一個砲兵團以及防空和反戰車單位。

↑第2黨衛裝甲軍配有象式驅逐戰車。這個金屬怪物的88公厘Pak 43/2 L/71主砲，可以輕鬆擊毀任何一種蘇聯戰車。但是，由於缺乏近戰武器，它在蘇聯反戰車步兵面前顯得相當吃虧。

↓南方集團軍司令官曼斯坦元帥。在戰後的備忘錄中，他如此描述南方集團軍在庫斯克的表現：「困難重重，進展相當緩慢。」

團獲得了額外的兩個戰車軍：博剋夫的第10近衛軍及克萊夫臣科（A.G. Kravchenko）少將的第5近衛軍。這兩支部隊將帶來新的戰車，並且預估這兩個軍於七月十日清晨就能抵達，為第1戰車軍團的奧波揚公路防線提供額外支援，或者用來進攻克諾貝斯多夫的第48裝甲軍位於皮那河沿岸的左翼。除了這些戰車，來自更多安全地區的步兵團、戰防砲團、砲兵團以及紅軍參謀本部的預備隊都交給了卡圖可夫指揮。

在德軍一方，霍斯並沒有閒著。他決定一勞永逸地殲滅第48裝甲軍左翼的威脅。為達成此目的，「大德意志」師、第3裝甲師及第332步兵師將解決他們西面的俄軍，而「大德意志」師的部分兵力及第11裝甲師將繼續向奧波揚挺進。「大德意志」師的主力在解決側翼問題之後，將再次向北推進。

但是，克諾貝斯多夫完全低估了在他左翼的蘇聯部隊的恢復能力。

第2黨衛裝甲軍將由「骷髏」師及「希特勒近衛」師向北進攻，同時「帝國」師和第167步兵師掩護他們的東翼——從李波林頓內次河至普羅科洛夫卡。進攻庫斯克的重任落在了豪賽爾的二百八十三輛戰車及突擊砲的肩上。曼斯坦還親自分派所有可支配的空中密接支援給黨衛軍，以加強他們的攻勢。

第48裝甲師於七月九日的目標是諾弗西羅夫卡，由克里佛辛的第3機械化軍及巴克索夫（Baksov）的第67近衛步兵師防禦。維科皮尼於上午陷落，蘇聯守軍無法抵擋德軍戰車、飛機和火砲的輪番轟擊。「大德意志」師的師史如是寫道：

「大概在同一時間，七時左右，裝甲擲彈兵們再次衝向維科皮尼，第2營和第3營冒著西面側翼的敵軍火力，試圖奪下村莊。施特拉赫維茨戰鬥群從維科皮尼的南端，以十九輛四號戰車（長砲管型）、十輛虎式戰車及大約十倖存的豹式戰車為此次推進提供火力支援。同時，斯圖卡聯隊向村莊中可辨識的目標以及皮那河西岸投擲炸彈，以削弱敵方的防禦能力。最終於八時三十五分左右，『大德意志』裝甲擲彈兵團第2營營長回報說他們拿下了維科皮尼北部的最後幾座建築物，這句話差不多就是說他們在激戰後已奪下這座小鎮。西側的火力仍然猛烈，這說明左面的掩護部隊未能跟上我們的腳步。他們仍然被滯阻在西南方，與大批敵軍戰車

↑羅特米斯托夫的第5近衛戰車軍團的T-34戰車和步兵，正駛往普羅科洛夫卡地區。該軍團由第5近衛機械化軍和第29戰車軍組成，其一百七十輛戰車和二十一門自走砲對於擊垮德軍的南翼攻勢貢獻卓著。

正猛烈交火。」

斯圖卡俯衝轟炸機的支援

其他地點的進展都還不錯，師史繼續描述道：

「七月九日上午，『大德意志』師燧發槍團在烏雲密佈的天空下，越過維科皮尼往東向諾弗西羅夫卡及二四〇·四目標點（Point 240.4，就在諾弗西羅夫卡西邊）而去。但是，在那裡它遭遇了戰防砲及戰車非常堅強的防禦。同時——大約在六時（莫斯科時間八時），裝甲偵察營在突擊砲營的掩

護下，正執行師部所下達的命令：沿通往奧波揚的公路朝二六〇‧八目標點推進。

「攻擊開始之前，首先由斯圖卡戰機轟炸可能是敵軍裝甲矛頭的部隊，以及更北方集中在一起的部隊。一波波的俯衝轟炸機呼嘯而過，將炸彈投在紅軍戰車上。每當地面噴起一支高高的火柱，就代表又有俄軍戰車兵進了『人民委員與紅軍的天國』。在如此出色的空中掩護下，『大德意志』師的裝甲偵察營的部隊向二六〇‧八目標點逼近。觀察報告提到了在東邊仍部分裝備三號戰車的第11裝甲師，正準備沿著公路向北進攻……

「由於往諾弗西羅夫卡方向的裝甲燧發槍兵及往二六〇‧八目標點方向的裝甲偵察加強營推進狀況順利，施特拉赫維茨戰鬥群以最快的速度離開維科皮尼南方地區前往東北方。它很快抵達了二四〇‧八目標點，然後越過裝甲偵察營，朝二四〇‧四目標點駛去。我們的戰車很快便與敵軍的大批戰車（第86戰車旅）遭遇，對方處於遠方二千五百至三千公尺（二千七百三十四至三千二百八十碼）處。一場大型戰車戰於是爆發，我方的斯圖卡戰機無間斷地提供空中火力支援。經過激烈的戰鬥，二四三高地落入我軍手中，我方戰車的腳步首次在此停頓下來。地平線上到處是敵軍燃燒的戰車，冒著濃濃的煙霧。不幸的是，第6連的三輛戰車也被擊毀……在接下來的遭遇戰中，魏特夏（Hauptmann von Wietersheim）成功地攻破了敵軍在諾弗西羅夫卡的反戰車防線，並拿下了高地。」

「極其慘烈的戰鬥」

但是第3裝甲師的戰況並不樂觀。報告繼續描述道：

「然而，左翼的第3裝甲師的艱苦戰況迫使師部改變其計劃。『大德意志』師裝甲燧發槍團堅守諾弗西羅夫卡更北方及東北方的地區，以及二四四‧八目標點的南方。第1營、第2營及『大德意志』師裝甲擲彈兵團的團部如今負責諾弗西羅夫卡的西方和西北方，並負責從正前方至北方及東北方的警戒。施特拉赫維茨戰鬥群不得不轉了將近九十度角，從原本通往奧波揚的公路，轉而朝向二五二‧四目標點及二四七‧〇目標點（位於維科皮尼西北方）。它的任務是對阻攔第3裝甲師前進的敵軍戰車展開正面攻擊。裝甲偵察加強營跟隨其後，負責掩護它的側翼以及西南方一帶。」

「大德意志」師的師史中記載了其朝右轉而面向西的調動：

「這些變動是第3師陷入困境的結果，二四四‧八目標點成了我師前往奧波揚的終點。很明顯這已是『大德意志』師在庫斯克區域所能穿透的最深入地點。只有經歷激烈的戰鬥，並付出高昂的代價，這一點才有可能實現。」

在接下來幾天裡，「大德意志」師與蘇聯第6戰車軍陷入激戰，這意味著儘管「大德意志」師最後可能贏得該次戰鬥的勝利，第

48裝甲師卻因此得不到額外的增援而無法攻破奧波揚。范屠亭敏銳地意識到了他眼前的選擇。俄軍部隊很快轉移至弗洛奈士方面軍的西側，以確保「大德意志」師、第3裝甲師及他們的支援步兵沒有機會加入攻擊奧波揚的行列，更不用說是庫斯克。七月十日上午，「大德意志」師及第10裝甲旅只剩下大約八十七輛戰車和突擊砲，其中有三十輛是豹式戰車。儘管如此，他們及第3裝甲師對蘇聯第6戰車軍及第3機械化軍的交匯點展開了攻擊。第11裝甲師如今只能靠自己拿下奧波揚。一份蘇聯的機密文件如是描述這場戰鬥：

「第200及第112戰車旅的戰車支隊被孤立開來，並被包圍在別列佐夫卡（Berezovka）北方地區。他們被迫各自為戰，與敵軍戰車和步兵周旋。到了深夜，他們才與第6戰車軍的主力會合。七月十日的戰鬥使第6戰車軍蒙受了沉重的損失，只剩下三十五輛戰車和十門戰防砲。在撤退到諾弗西羅夫卡至諾門柯（Noven'koe）一線之後，第6戰車軍的防線縮減了一半（從二十縮減至十公里），並且重新整修受損的防線。」

但是，這些勝利並沒有令第48裝甲軍攻下奧波揚，就如第6戰車軍的指揮官蓋特曼將軍寫道：

「不管如何，我軍繼續抵抗敵軍。在戰場上留下上百輛燒毀的戰車和火砲以及數千具屍體之後，敵軍成功將我們逼退幾公里。他們佔領諾門柯整座村莊和後續向北推進

↑在庫斯克戰鬥的成千上萬名俄軍戰車兵中的一員。這名裝填手正在將主砲的砲彈裝上戰車。圖中機槍的彈匣散落在砲塔上。

的意圖失敗了。在我方有組織的火力抵抗下，他們於傍晚停止了攻擊。」

曼斯坦對於當天戰鬥的總結卻與此大相逕庭。第11裝甲師前往奧波揚的進展緩慢，正攻入但尚未攻破蘇聯的防線，並且一直在延伸它的右翼，以便騰出「希特勒近衛」師的部隊。

七月十一日晚，克諾貝斯多夫開始執行他用「大德意志」師和第11裝甲師進攻奧波揚的計劃：

「只要第11裝甲師等到『大德

意志』師抵達其左翼位置，德軍就可以遠遠瞧見普塞爾河河谷——庫斯克這一邊的最後一條天然屏障。透過望眼鏡，奧波揚的高樓在薄霧中已是依稀可見。奧波揚就是我們的目標。

「它看起來伸手可及，不過十二英里遠。在一般環境下，對於一支迅速的機動部隊來說全然不構成問題。但第48軍能夠躍過這最後一步嗎？

「根據霍斯細心規劃的時間表，以下情形應該早已發生：第48裝甲軍進攻奧波揚並佔領普塞爾河上的橋樑。其主力向東推進，在進軍庫斯克之前，與豪賽爾的黨衛裝甲軍一起殲滅穿過普羅科洛夫卡狹隘地帶趕來阻擋的敵軍戰略裝甲力量。這就是霍斯原本的計劃。」

這只是霍斯為第48裝甲軍制訂的計劃，范屠亭可沒打算讓他趁心如意。他只是命令卡圖可夫的第6戰車軍及他自己戰車軍團的殘餘部隊：

「防止敵軍朝北穿透庫魯里克（Kruglik）至奧爾霍瓦特卡防線，使用你的主力，在第6近衛軍團的協助下，從亞歷山德羅夫卡至諾門柯一線往東南方向進攻，任務是佔領雅可夫列夫和波克羅夫卡，並且在第6近衛軍團及第5近衛戰車軍團的協助下包圍突入防線的敵軍機動部隊，隨後向南方及西南方擴大戰果。」

憑著手中的戰車，卡圖可夫準備向第48裝甲師的左翼發起逆襲。

→→1943年7月9日，庫斯克戰場上的第2黨衛裝甲軍士兵。當天，黨衛軍已然突破庫斯克前方的最後一條防禦工事。人員的重大傷亡以及戰車的巨大損失似乎即將得到回報，勝利看似就在不遠之處。

第2黨衛裝甲軍

「希特勒近衛」師及「骷髏」師擔負起了第2黨衛裝甲軍在七月九日的主要進攻任務。現在已完全從側翼掩護任務釋出的「骷髏」師，已經前進超過了「帝國」師及「希特勒近衛」師的後部。在齊頭並進的進攻中，它將克里佛辛殘缺不全的第3機械化軍及齊爾寧科（Chernienko）的第31戰車軍逼退至科切托夫卡（Kochetovka）。

在「希特勒近衛」師的北邊，「骷髏」師抵達普塞爾河沿岸，並佔領了克拉辛尼奧提亞巴（Krasni Oktiabr）村。克拉辛尼奧提亞巴的陷落代表庫斯克前方的最後一道防禦帶已開了缺口：德軍已跨過普塞爾河，可以向北推進至俄軍的後方。「希特勒近衛」師在和第11裝甲師會合之後，穿過了索羅提安卡（Solotinka）河，但在科切托夫卡外圍被蘇聯第10戰車軍攔了下來。

與「希特勒近衛」師及「骷髏」師相對輕鬆的戰況相比，「帝國」師在東側普羅科洛夫卡公路沿線的戰鬥要激烈得多。「希特勒近衛」師及「骷髏」師所取得的成功也和第3裝甲軍在南方的進展不佳形成鮮明的對比。第6裝甲師在梅利科佛附近進行了重組，並嘗試向北偵察敵情。同時，第7裝甲師及第19裝甲師守衛著他們於北頓內次河以東的陣地。肯夫苦於找不到步兵好讓珍貴的戰車脫身，向科羅查（Korocha）進軍，並截住羅特米斯托夫的第5近衛戰車軍團以保護

↑強大的虎式戰車在庫斯克之戰的表現極為成功，戰車兵的嫻熟技術為德軍帶來一個又一個令人吃驚的勝利。例如，第1黨衛裝甲團，在一次戰鬥中三個小時內就摧毀了九十輛敵軍戰車。

霍斯主力的東翼。這件事已經超出肯夫的能力範圍之外。霍斯由空中偵察得知大量敵方裝甲部隊正從東北方趕來支援，他必須擔心其側翼安全，還得思考如何突入肯夫兵團面前的俄軍防線後方。用霍斯自己的話來說：

「在往北攻擊庫斯克的行動開始之前，最好先解決掉可能會出現在普羅科洛夫卡的敵軍。」

七月九日晚，第2黨衛裝甲軍收到變更推進軸線的命令。這道命令後來被稱之為「普羅科洛夫卡指令」。其中最重要的部分是第二節和第三節，它們精確地說明了德軍期望的作戰目標：

1.敵軍防守部隊裝備了反戰車武器及戰車，把守著共青團員（Swch. Komsomolets）森林西部邊緣至伊凡諾弗斯基威瑟羅（Ivanovskii Vyselok）鐵路的防線。

2.第2黨衛裝甲軍將於一九四三年七月十日沿普塞爾河兩岸朝東北方向前進，「希特勒近衛」師居右，「骷髏」師居左。攻擊目標：普羅科洛夫卡的東部－二五二‧四高地（在東北方二‧五公里處）－布瑞葛菲（Beregovoe）－二四三‧五高地（在柯里諾〔Koritnoe〕西北方向二公里）－卡塔西弗卡（Kartashevka）。

3.兵力獲得強化的「希特勒近衛」師，將在全師的砲兵及第55火箭砲團進行彈幕射擊之後，於一九四三年七月十日六時展開進攻。在

空軍先期轟炸的疏導下，「希特勒近衛」師沿著公路自泰特瑞維諾推進至普羅科洛夫卡，奪取普羅科洛夫卡並守住該地。首要攻擊目標：普羅科洛夫卡及二五二・四高地。「帝國」師與「希特勒近衛」師同時展開行動，進攻伊凡諾弗斯基威瑟羅東南方二公里（一・二英里）的高地。「骷髏」黨衛裝甲擲彈兵師則由克里伊奇（Kliuchi）橋頭堡向東北方推進。」

在俄羅斯大草原夏夜的短暫夜暗中，紅軍和德國陸軍都調整了他們的部署。不過遠在地中海的西西里島（Sicily）上，正發生了一些深深影響到德軍東線作戰的事件。盟軍於七月十日藉由入侵西西里，在希特勒脆弱的南方開闢了新的戰場。隨著美英聯軍湧入義大利的海岸，軸心國的穩固受到了威脅。希特勒的惡夢──一戰時的不利局面

──正在轉變為現實：兩面作戰的形勢終將實現。元首如今必須重新權衡輕重，因為他知道，德國有限的戰略預備兵力將濱臨耗盡的地步。

在七月十日的戰事中，南方集團軍給希特勒帶來了好消息。豪賽爾的第2黨衛裝甲軍克服重重困難，於七月九日至十日晚間完成了重組。事實上，豪賽爾所面對的問題就是，部隊一到手他就馬上部署出去，攻擊是以一種非比尋常的零碎方式施行。即將破曉時，「骷髏」師的裝甲擲彈兵強行渡過普塞爾河並試圖奪取二二六・六高地。此次攻擊的失敗迫使豪賽爾推遲其在普塞爾河以南的雙重攻擊，並且黨衛軍的進攻延遲至十時四十五分。無論如何，此時德軍已經越過普塞爾河，並在克里伊奇以東的北岸建立起橋頭堡，同時還佔領了二

↑「骷髏」師所屬的一隊三號戰車正開赴前線。攻勢發動前該師擁有六十三輛三號戰車，至7月10日，這一數字就銳減至四十八輛。圖中後方右邊的戰車蓋著一面納粹旗幟，以便友軍戰機辨識。

↑在整場戰役中，第2黨衛裝甲軍始終得到空中密接支援，大部分是裝備著加農砲的斯圖卡俯衝轟炸機。這種空地緊密配合使得德軍戰車兵和步兵必須表明自己為友方部隊，就如圖中使用納粹旗幟做為識別標誌。

二六‧六高地的北部斜坡。

與此同時，「希特勒近衛」師取得了更大的進展，繼續向普羅科洛夫卡推進。經過一路激戰並擋下T-34幾乎毫無間歇的攻擊，「希特勒近衛」師的裝甲擲彈兵最終於午後攻佔了共青團國營農場（Komsomolets State Farm）並在二四一‧六高地展開激戰。儘管夏日雷雨以及部署在此的蘇聯戰車造成了不少困擾，二四一‧六高地還是於夜幕降臨後不久被德軍攻下。「希特勒近衛」師宣佈在當天的戰鬥中共摧毀了俄軍五十三輛戰車和二十三門戰防砲。

與之形成對比的是，「帝國」師的推進陷入停滯之中。它於普羅科洛夫卡公路南部穿過鐵路向史托洛赫夫卡一號目標（Storozhevka 1）前進，但遭遇了激烈的抵抗。在歷經一番令人筋疲力盡的消耗戰

之後，「帝國」師只奪得了伊凡諾弗斯基威瑟羅一座小村莊的一部分。又一次，「帝國」師的右翼威脅影響到了它的作戰表現。在第167步兵師的部隊進行重整之後，此種形勢得到改善，因此更多的「帝國」師裝甲擲彈兵也得以釋出。豪賽爾所取得的進展儘管緩慢，但他們深入敵境的程度已足夠使希特勒下達了繼續實行「衛城作戰」的命令。

在范屠亭看來，德軍的推進來得非常不是時候，他的部隊正好在進行複雜的整編。博剋夫少將 的第10戰車軍已撤退至奧波揚公路與第1戰車軍團會合，留下其第11摩托化步兵旅負責斷後，這個旅一整天都在拚命阻止「骷髏」師的推進。

波卜夫將軍第2戰車軍的三個戰車旅──第26、第169及第99戰車旅──已穿越普羅科洛夫卡公路接替了博剋夫的部隊，並且於七月十日黎明向「希特勒近衛」師及「帝國」師的先頭部隊展開攻擊，與這兩個師激烈地爭奪共青團國營農場和二四一‧六高地。但是，儘管作了最大的努力，波卜夫的戰車仍然被擊退。黃昏時分，前來增援的第5近衛軍團開始陸續抵達普羅科洛夫卡。首先到達的是精銳的第9近衛師，由沙佐諾夫（A.M. Sazonov）上校指揮。這些部隊儘管疲勞不堪需要休息，仍迅速地在普羅科洛夫卡以東建立起防禦陣地。

七月十日一整天，越來越多查

多夫的第5近衛軍團部隊抵達普羅科洛夫卡。當天夜晚，第95及第97近衛步兵師已據守在普塞爾河沿岸的防禦陣地，支援第51及第52步兵師已經所剩無幾的防禦兵力，並準備迎接豪賽爾下一階段的攻擊。在這些部署下，第183步兵師前去替換第5近衛戰車軍，後者再前往更遠的西邊去增援第1戰車軍團。當克萊夫臣科的戰車（第5近衛戰車軍）離開的同時，波迪涅第2近衛戰車軍也停止了攻擊第2黨衛裝甲軍右翼的任務，為以後支援第5近衛戰車軍團而進行重整。

范屠亭使出渾身解數以及老練的欺敵技倆，成功地在德軍無休止的進攻中完成了自身裝甲部隊及支

援部隊的重組。如果黨衛軍的裝甲楔子突破不堪重負的蘇聯防線，范屠亭仔細制訂的計劃又將會是何種結果？虎式戰車的長距離火力從側翼射擊大批集中的車輛和人員，所造成的損失將難以估量。無論如何，范屠亭對自己計劃及士兵奮勇抵抗的信心最後終於成功，如今他有足夠時間來對羅特米斯托夫的第5近衛戰車軍團進行複雜而最重要的部署。這支強有力的增援部隊，在飛奔一百公里（六十五英里）之後，開始抵達第5近衛軍團後方的集結地點。

七月十日，羅特米斯托夫與范屠亭及參謀總長法希里夫斯基在奧波揚會面。羅特米斯托夫如此描述

↑在庫斯克，即使是勇猛如「超人」般的黨衛軍，也無法衝破蘇聯守軍的強韌防禦。第2黨衛裝甲軍從發起攻擊之後就遭受了慘重的傷亡。例如「希特勒近衛」師，開戰頭兩天就有一百八十一人陣亡和九百零六人受傷。

這次對話：

「方面軍指揮官邀請我靠近地圖，用一支鉛筆指著普羅科洛夫卡地區，說：

『在通過奧波揚進入庫斯克的努力失敗之後，納粹部隊顯然決定將主力進攻軸線改至更東邊的通往普羅科洛夫卡的鐵路線。那裡集結了第2黨衛裝甲軍的部隊，在第48裝甲軍及肯夫兵團的戰車部隊協助下，他們一定會沿普羅科洛夫卡這條軸線進攻。』

「范屠亭看了法希里夫斯基一眼，然後轉向我，繼續說：『所以，我們決定使用您的戰車近衛部隊抵擋黨衛軍裝甲師——在兩個戰車軍的支援下，用第5近衛戰車軍團向敵軍發動逆襲。』

「『順便提一下，』法希里夫斯基說，『德軍裝甲師擁有重型虎式戰車和「象式」自走砲（編按：原文如此，象式戰車當時剛投入戰場，可能俄軍將它定位為自走戰防砲）。它們使卡圖可夫的戰車軍蒙受了相當的損失。您對這種裝備是否瞭解？與它們作戰您有什麼想法？』

「『我們知道這些兵器，元帥同志。我們從大草原方面軍的參謀手中獲得了有關它們的戰術和技術資訊。我們也想過要如何和它們交手。』

「『有意思！』范屠亭補了一句，向我點點頭，『繼續說。』

「『事實上虎式戰車和象式戰車不僅擁有厚重的正面裝甲，還具備了八八公厘火砲直射時的射程。

就這方面來看，它們與我軍只裝備七十六公厘砲的戰車相比更加優越。要想取得勝利，只有利用T-34更靈活的操控性，與它們進行近距離戰鬥，並由側面攻擊德軍重型戰車的側面裝甲。』

「『換句話說，就是要和敵軍短兵相接來殲滅他們，』方面軍指揮官如此說。然後他再次將對話轉移到即將開展的逆襲。參加這次逆襲的部隊包括第1戰車軍團、第6、第7及第5近衛軍團。」

羅特米斯托夫的軍隊得到進一步的加強：第2戰車軍、第2近衛戰車軍、第1529自走砲團、第522榴彈砲團、第148榴彈砲團、第148和第93砲兵團（Gun Artillery Regiment）、第16近衛迫擊砲團及第80近衛迫擊砲團。在集結了這些強有力的部隊之後，范屠亭給羅特米斯托夫下達了命令：

「七月十二日上午，協同第1戰車軍團和第5近衛軍團，發起一場決定性的攻勢，摧毀位於普羅科洛夫卡西南方的敵軍，並且在當日結束之前，抵達克拉斯那亞杜波瓦（Krasnaia Dubrova，西特席弗東北方）至雅可夫列夫一線。」

第5近衛戰車軍團的攻擊發起位置，從普塞爾河北方往南橫跨到連接史托羅柴渥伊（Storozhevoe）的公路與鐵路，為寬達十五公里（十二英里）的地帶，環繞在普羅科洛夫卡的西方及西南方。在這片羅特米斯托夫所選擇的這片地區，他將在首次攻擊中就投入總數達五百輛的戰車及自走砲。

←←一輛裝備著護裙與砲塔附加裝甲的四號戰車停止推進，好讓車長及乘員搜尋地平線上的敵軍。這輛戰車可能為四號H型戰車，這款戰車於1943年4月開始駛下生產線。

七月十一日凌晨五時，黨衛軍先發動了第一擊，「希特勒近衛」師的戰車沿普羅科洛夫卡公路的兩側快速推進。一如以往再次取得區域空中優勢的德國空軍，發動了一波又一波的空襲，試圖從蘇聯防線中炸出一條通道。在追擊早已精疲力竭的蘇聯第2戰車軍時，「希特勒近衛」師遭到側面攻擊及砲火轟擊。太陽升起時，德軍增緩部隊趕到，但此時，「希特勒近衛」師一頭闖入了第九近衛空降師的陣地。第26及第28近衛空降團將遭逢希特勒精銳部隊的全力進攻。

蘇聯防線中的一個戰略要點是二五二‧二高地。德軍試圖以此削弱這個目標，於是各型炸彈、火箭砲及砲彈有如洪水傾洩到了這片區域。一個營的裝甲擲彈兵在虎式戰車和突擊砲的掩護下，向高地展開攻擊。經過三個小時的激戰，「希特勒近衛」師最終奪取了高地頂部，並繼續向歐提亞布瑞斯奇（Oktiabr'skii）國營農場推進。

以下蘇聯近衛空降師的記錄描述了當天的主要事件：

「七月十一日上午，第5近衛軍團的部隊尚未在陣地站穩，完成重新編組，敵軍就展開了下一波的攻勢。

「太陽被多雲的天空遮蔽，陣陣微風吹拂著普羅科洛夫卡、普列斯諾（Prelestnoe）及普拉沃羅特（Pravorot）之間一望無際的成熟穀物。

「多達一個營的步兵，在四十輛戰車和自走砲——其中包括虎式戰車和豹式戰車——及幾百架Ju 87和Ju 88飛機的掩護下，對第9近衛空降師和第95近衛步兵的交接處展開進攻。進攻主要是針對防守歐提亞布瑞斯奇國營農場的第26近衛空降團第3營。在步兵和戰車攻擊前，敵軍先進行短暫而有力的火砲轟擊，輔之以猛烈的空中轟炸。裝載著機械化步兵的裝甲運兵車緊隨在戰車和自走砲之後。」

鋼鐵洪流

第3營的指揮官，近衛少校波列斯金（D.I. Boriskin），將戰況回報給團長卡許帕斯基（G.M. Kashpersky）近衛中校，然後命令各步兵連連長全力向逼近的敵軍戰車和步兵開火。

「歐提亞布瑞斯奇國營農場、二五二‧二高地以及盧塔佛（Lutovo）村在炸彈、砲彈及地雷的爆炸中憾動著。士兵們在昨夜挖好的散兵坑中，專注地盯著不斷逼近的敵軍。

「距離國營農場邊界僅幾百公尺時，德軍步兵從裝甲運兵車中蜂擁而出，邊跑邊以衝鋒槍開火，然後掩蔽在戰車後方，敵軍開始展開突襲。那些法西斯份子扭曲的臉孔，清楚顯示了他們的好戰狂熱來自於大量的烈酒。

「『開火！』砲兵連連長下令。第3營發射的砲彈呼嘯著向法西斯份子飛去。克羅西科（I.V. Khoroshikh）和列茨尼科夫（P.N. Lyznikov）的重機槍從側翼向敵步兵掃射，近衛軍的輕機槍及衝鋒槍

同樣不甘落後，全力吐出子彈。師
直屬砲兵、第3突破砲兵師的預備
隊司令部下轄的幾個支援營的支援
砲火在歐提亞布瑞斯奇國營農場前
建立起一條難以逾越的彈幕。薩米
金（I.H. Samykin）和沙斯塔科夫
（A.F. shestakov）近衛中校的砲兵
營和砲兵團都使用開放式照門，進
行砲兵直接射擊。

「敵軍的步兵與戰車被切割
開來，面對來自國營農場暴雨似
的密集火力，他們被迫後退至二
一五·四高地的反面斜坡。法西
斯份子於十四時之前向第三營再
度發起兩次攻擊，但都只是威
力偵察（Reconnaissance in force,
RIF）。」

一場不對稱的戰鬥

報告繼續寫道：「十四時，多
達一百輛戰車及一個團的步兵（搭
乘裝甲運兵車）向歐提亞布瑞斯
奇國營農場和二五二·二高地發
起進攻。大約四十輛戰車及一個
團的機械化步兵則向鄰近的第95
近衛步兵師的第287近衛步兵團發
動了攻擊。發現了第95近衛師及
第9空降師的交界處後，法西斯份
子企圖強行由此處突破。在從歐
安奇（Oamki）農場至安德里夫卡
（Andreevka）的區域裡，沿著不
到三公里（一·八英里）的戰線區
段共有一百四十輛戰車參與進攻。

→一個黨衛軍擲彈兵衝出壕溝的保護繼續朝前奔
去。對德軍來說非常不幸的是，7月9日的暴雨削
弱了他們進攻的衝力。而此時俄軍已開始對德軍
裝甲矛頭的正面和側面發動逆襲。

五十架俯衝轟炸機在攻擊發起之前進行了猛烈轟炸。戰況激烈，但雙方實力相差懸殊。敵軍擁有絕對的數量優勢，並且對第29團及287團連接處的進攻展現出特別的執著……

「在逼退第26團及第287團之後，多達四十輛戰車集中攻向普列斯諾及佩卓夫卡（Petrovka）南部邊緣，多達六十輛戰車——穿過二五二‧二高地並且沿著鐵路沿線——向普羅科洛夫卡推進。第26團撤退至第23近衛空降團的陣地，也就是二五二‧四高地的西南斜坡上（位於普羅科洛夫卡西方一公里處）。」

「希特勒近衛」師的歷史則記錄了這次戰鬥的另一個版本：

「此時（七月十一日十七時）所佔領的陣線從史托羅柴渥伊、其北方森林的西部和東部邊緣（由第1團據守），沿公路一直延伸至二五二‧二高地（由第2團據守）西北方五百公尺處，這座高地（由戰車部隊據守）就在歐提亞布瑞斯奇（Swch.Oktjabrskij）的西邊、二五二‧二高地（由偵察營據守）的東部邊緣。我師向軍部報告了各部隊的位置，當天沒有再度向前推進。我軍停下來的原因是兩邊相鄰部隊落後太遠，使我們左右受敵。向普羅科洛夫卡發動正面攻擊將會蒙受巨大的損失，因為在普羅科洛夫卡東南邊緣，及其西北方居高臨下的二五二‧四高地擁有強大的反戰車火力和砲兵防禦陣地。十七時，我們將這一情況回報給位於北魯斯區

奇（North Lutschki）的師部中一位指揮的將領。有人建議他將所有可得的砲兵集中到軍部，並且用來支援「骷髏」師在七月十二日進攻二二六‧二高地。只有攻下這個高地，「帝國」和「希特勒近衛」裝甲擲彈兵師才能繼續攻向普羅科洛夫卡。在與參謀長奧斯坦多夫（Ostendorf）上校討論之後，豪賽爾中將宣佈他同意這個計劃。」

「將軍，那不是我們的戰車」

儘管左右沒有友軍掩護，「希特勒近衛」師的進展仍然令人滿意。它就如一把尖刃刺入了普羅科洛夫卡正面的蘇聯防線，第2戰車軍的防線因此大亂。在紅軍參謀本部代表法希里夫斯基元帥的陪同下，羅特米斯托夫視察了這地區，後來他如是寫道：

「天色未晚，元帥提議去攻擊預備陣地視察，我選擇了第29戰車軍及第18戰車軍。我們一路上經過普羅科洛夫卡到貝倫尼契諾（Belenikhino），快速行駛的威利吉普車在坑坑疤疤的路面上顛簸不已，繞過很多裝滿彈藥燃料正趕赴前線的車輛。運送傷員的車輛從我們一旁緩慢開過。路邊到處是損毀的卡車和運輸車……

「那邊，沿著森林的北部邊緣，是第29戰車軍的攻擊發起位置。第18戰車軍將進攻右側，我向法希里夫斯基解釋道……

「在右邊，隔兩公里遠就能看到共青團國營農場的農業設施。

「突然，法希里夫斯基要駕駛

停車。吉普車駛離公路，突然停止在路邊佈滿塵土的草叢裡。我們打開車門，向旁邊走了幾步。戰車引擎發出的隆隆聲清晰可聞。然後發出聲響的那隊戰車映入我們的眼簾……

「我立刻拿起雙目望眼鏡。事實上，這是一個以十輛爲一組的戰車編隊，一邊行駛一邊從它們的短砲管中發射著砲彈，它們正穿過田野，攪動著成熟待割的穀物……

「『將軍同志，這不是我們的戰車，他們是德軍……』

「『所以說，敵軍已經從某處突破。他想先發制人並奪取普羅科洛夫卡。』

「『我們不會允許他們這麼做，』我向法希里夫斯基這麼說，然後用無線電命令克里成科（Kirichenko）將軍立即派出兩個戰車旅迎擊德國戰車並阻止它們推進……

「於是形勢突然變得複雜起來。我們先前爲發動逆襲所選擇的攻擊發起陣地如今已落入納粹部隊手中。」

再一次，第2黨衛裝甲軍記錄了他們的對手所遭受的慘重損失：九十九輛戰車和二十九輛突擊砲。但是，黨衛軍也並非毫髮無傷。「希特勒近衛」的裝甲力量減少至六十輛戰車、十輛突擊砲及二十門自走反戰車砲。戰車包括四輛二號戰車、五輛三號戰車、四十七輛四號戰車、四輛虎式，可能還有十輛之前俘獲的T-34戰車。豪賽爾於傍晚發佈了針對第二天的命令，賦予

↑一名斯圖卡戰機的地勤人員正在工作。德國陸軍非常敬佩斯圖卡飛行員。第3裝甲師的作戰日誌如是描述斯圖卡戰機：「片刻不停地轟炸蘇聯戰車，並且幾乎彈無虛發。」

「希特勒近衛」師最重要的光榮任務：

「第1裝甲擲彈兵加強團及所屬裝甲營於四時五十分出發，奪取史托羅柴渥伊及詹基（Jamki），並在第2黨衛裝甲擲彈兵團第一營附近的二五二‧二高地邊上的公路建立一個陣地。」

「第2裝甲擲彈兵加強團、戰車戰鬥組及偵察加強營作好準備，一旦『骷髏』師消滅掉攻擊我軍沿普塞爾河側翼的敵軍，便聯合「骷髏」師的部隊佔領普羅科洛夫卡和

二五二‧四高地。」

「『希特勒近衛』師的砲兵團將派出一個砲兵聯絡指揮部到『骷髏』師，以支援該師向第二二六‧六高地發起的攻擊。」

該次行動的右翼，「帝國」師負責奪取史托羅柴渥伊（Storozhovoe 1）及維諾加多夫卡（Vinogradovka），並打開通往重要目標普羅科洛夫卡的南方道路。

肯夫兵團的第3裝甲軍將提供所有可能的支援，並在理想情況下，與第2黨衛裝甲軍在普羅科洛夫卡會合。如果無法實現，肯夫將盡可能牽制住俄軍裝甲部隊，使他們無法攻擊豪賽爾的正面及側翼。

德軍計劃的最後一部分牽涉到正在奪取奧波揚以南位於普塞爾河重要渡口的第48裝甲軍。當攻下普羅科洛夫卡並且越過普塞爾河之後，這兩個裝甲軍將穿過大草原向奧波揚及庫斯克前進，由第3裝甲軍掩護東翼。范屠亭和羅特米斯托夫迅速部署防禦以防止這個結果的出現。在西部，俄軍對第48裝甲軍不斷發動擾亂性攻擊。范屠亭向羅特米斯托夫下達的命令明確而又單純：

「七月十二日十時，向共青團國營農場及波克羅夫卡方向發動一次逆襲，並且聯合第5近衛軍團及第1戰車軍團，摧毀位於科切托夫卡、波克羅夫卡及葛雷斯諾區域的

↓庫斯克典型的場景：一輛德軍戰車、伴隨的步兵、濃煙以及火焰。7月12日，南方戰場的主動權已經轉到了羅特米斯托夫以及他的數百輛T-34戰車和自走砲手中。

敵軍，不允許他們向南撤退。」第9近衛空降師將向羅特米斯托夫的戰車提供步兵支援。

　　由於得到德軍將於七月十一日展開攻擊，羅特米斯托夫提前發起他的進攻，時間提早至莫斯科時間（比柏林時間早兩小時）八時三十分。七月十一日所遭受的損失使得羅特米斯托夫失去了波卜夫的戰車支援，於是他決定採取以下行動：

　　「用第18戰車軍、第29戰車軍及第2近衛「塔辛史卡雅」（Tatsinskaia，一種榮譽稱號）戰車軍發動一次攻擊，攻擊區段為：右方——布瑞葛菲、安德里夫卡和伊斯那亞波里亞那；左方——普拉

沃羅特、貝倫尼契諾、界標二三二‧○（Marker 232.0），並且在當天結束前，抵達克拉斯那亞杜波瓦至雅可夫列夫一線。位於軍團第2梯隊的第5近衛「西摩尼柯夫斯基」（Zimovnikovskii，榮譽稱號）機械化軍，奉命擔當擴大戰果的角色，當第29戰車軍和第2近衛戰車軍在盧欽基（Luchki）及波哥瑞羅夫卡（Pogorelovka）這一帶取得勝利時，他們就投入作戰。戰車軍必須於七月十一日二十四時之前進入從普列斯諾穿越史托羅柴渥伊至雅博諾洛甫（Mal. Iablononovo）的攻擊發起陣地，並於七月十二日凌晨三時之前做好攻擊準備。」

普羅科洛夫卡最後的立足點

　　俄軍的攻擊發起位置如今就設在普羅科洛夫卡的郊區。羅特米斯托夫部隊的中央是第29戰車軍，橫跨於普羅科洛夫卡公路上。第29戰車軍由第31、第32及第25戰車旅、和第1446自走砲團組成，轄下有一百九十一輛戰車和自走砲。他們的任務將得到第1529自走砲團的二十一輛自走砲的協助。

　　這些部隊將充當先頭部隊向德軍位於歐提亞布瑞斯奇國營農場及史托羅柴渥伊之間的陣地發起攻擊，並且將得到第28近衛空降團和第53摩托化旅的支援。第2近衛戰車軍擁有一百二十輛戰車，分配給第4、第25及第26戰車旅，它們將在第2戰車軍其餘部隊的支援下，攻擊「帝國」師從維諾加多夫卡以

西沿鐵路線至貝倫尼契諾的陣地。

位於波卜夫的後方是第53近衛戰車團，擁有二十一輛KV-1戰車。史克沃特索夫（B.M. Skvortsov）的第5近衛機械化軍將做爲預備隊在附近待命，這支部隊有二百二十八輛戰車和自走砲。最後還有一支小型的裝甲預備隊，據守著普拉沃羅特附近的陣地，由楚凡諾夫（K.G. Trufanov）將軍指揮。范屠亭的任務是提供輔助砲火支援，他的支援部隊包括第17砲兵旅和第26防砲師，以及另外五個迫擊砲或砲兵團。

整體來說，羅特米斯托夫將使用大約四百三十輛戰車和自走砲發動此次攻擊，並將得到另外七十輛裝甲車的協助。這些戰車中大約一半爲輕型戰車及裝備護甲的T-70。爲了應付射程更遠的德軍戰車砲，羅特米斯托夫要求他的戰車駕駛們高速衝向德軍戰車，尤其是虎式戰車，在近距離時憑藉數量的優勢消滅它們。

七月十二日凌晨二時，羅特米斯托夫的部隊已就定位。這是在紅軍參謀本部協調下俄軍難得有的巨大成就。儘管連日的奔波使俄軍士兵疲憊不堪，但是藉由替換以及沿路不間斷的維修，蘇聯可用於作戰的戰車數量大大增加。除了等著開打之外，蘇聯士兵似乎已經沒有其他事情可做——不過祈禱可不符合他們的信條。

←一名疲憊的裝甲擲彈兵將手榴彈插入腰間，準備用於來日的戰鬥。這種棍式手榴彈（Stielgranate 24）有4.5秒的爆炸延遲時間，使投擲者有足夠的時間在破片彈頭引爆前尋找掩護。

第十章
火炬般熊熊燃燒的戰車

一九四三年七月十二日，為數眾多的戰車在普羅科洛夫卡周圍上演了一場史無前例的戰車大戰。這場驚天動地的戰鬥將決定「衛城作戰」——希特勒在東線戰場的最後一場大型攻勢——的成敗。

　　七月十二日於庫斯克突出部南方之鉗的戰車大戰，表示希特勒野心勃勃的「衛城作戰」進入尾聲。

　　大體上，歷史學家總是聚焦在普羅科洛夫卡西南方的血腥戰場上，就是在那裡，希特勒的黑衣戰士（編按：指德軍裝甲兵）與史達林的戰車精銳相持不下。但是這場戰車大屠殺中在東南邊及西邊所發

生的事同樣不可輕忽，因為事實證明它們對於戰局的整體平衡產生了關鍵性影響。七月十二日的戰事應從整體來看，不應被看作是一場單純的戰車戰。

　　曼斯坦和霍斯正試圖將三股線擰成一根繩，使之擁有足夠力量突破蘇聯防禦帶，最終進入庫斯克。對於這個威脅，蘇聯指揮官瞭然於

↑一支蘇聯ROKS-2火焰放射器小組正在噴火。這款火焰放射器用起來簡直像一支步槍；特點在於它有槍托，能抵著肩發射。噴射用的氣體存放於長方形油箱下面的氣缸中。與其他更為正統的噴火槍設計相比，這種武器的形狀讓它的使用者更不易成為敵軍的目標。

↑拿來對付自己人的火砲。蘇聯砲手正迅速為這輛俘獲的德國六管火箭發射器（Nebelwerfer，字面意思為「煙霧發射器」）裝上砲彈，這個動作大約要花90秒鐘。每顆高爆火箭彈重約34公斤（75磅）。砲管的仰角顯示它的目標是一輛正在越過山頭的裝甲車。砲身上的白色五角星表明它曾有過一次成功「擊殺」——可能也是藉由這種非正統的發射方式所達成。

↓普羅科洛夫卡地區典型的村莊。這些居民的生活即將因一次戰爭史上最大的戰車會戰而翻天覆地。當他們最終回到故鄉時，迎接他們的是月球表面般遍地彈坑的地面，以及七零八落的屍體和機械殘骸。

心。范屠亭在七月十二日的戰略調度重點是解決最緊迫的德軍威脅：他命令卡圖可夫的第1戰車軍團、齊斯提亞科夫（Chistyakov）第6近衛軍團、羅特米斯托夫的第5近衛戰車軍團及查多夫的第5近衛軍團攻擊豪賽爾的第2黨衛裝甲軍和克諾貝斯多夫的第48裝甲軍。

第7近衛軍團的第40步兵軍奉命攻擊在拉倫諾（Razumnoe）東方的肯夫兵團右翼。此次攻擊旨在防止德軍第3裝甲軍前去與豪賽爾的部隊會合。但是，肯夫的第6裝甲師卻於十一日至十二日那個夜晚實施了一次出乎俄軍意料的大膽奇襲。

「地獄之門開了」

在一輛俘獲的T-34帶領下，一小隊德軍戰車和半履帶運兵車向勒札維茨（Rzhavets）及北頓內次河的重要渡口駛去。他們嚴令不准開火或說德語。七月十一日天黑後，這支戰鬥群進入了蘇聯領地。德國方面的記錄如是描述：

「他們越過了由人員值守、精心佈置的戰防砲和多管火箭砲陣地。月光朦朧，俄國佬絲毫沒有察覺。他們睡眼惺忪地躺在路邊，對於這種來來往往的車隊早就見怪不怪，因為一天到晚都有蘇聯軍隊不斷從身邊經過，貝凱（Bäke，德軍指揮官）還遇上一隊敵軍步兵，幸好沒有哪個蘇聯士兵想要到他們的戰車搭一程順風車。」

儘管喪失了領頭的T-34戰車，這支縱隊仍繼續朝勒札維茨前進。但戰鬥不可避免地爆發了：

「……地獄之門開了，幽靈的旅程也結束了。俄國佬發射了照明彈，機槍子彈從四面八方飛了過來。

「貝凱的戰車和裝甲運兵車以最快的速度衝入村莊，迅速清除了敵軍戰防砲陣地。工兵部隊還俘虜了一支『卡秋莎』火箭砲部隊。

「從頓內次河方向傳來幾聲沉悶的轟隆聲。橋樑！貝凱警覺起來。

「他的座車很快就來到頓內次河的橋樑上。橋樑已經被炸毀。戰鬥群在奪取村莊時錯過了佔領這座橋的機會。

「不管如何，工兵和裝甲擲彈兵設法弄出了一個人員可通行的便橋到達了對岸。俄軍毫無準備，措手不及下讓德軍成功建立了一個橋頭堡。破曉時分，貝凱所帶領的第6裝甲師先頭部隊已在頓內次河北岸立起了牢固的立足點。」

橋樑很快便得到修復，第3裝甲軍開始過河。范屠亭於七月十二日凌晨四時得知勒札維茨陷落，並意識到這對於他作戰計劃的影響。羅特米斯托夫很快就得到消息，他立刻聯繫楚凡諾夫，並下令動用後者的預備隊：

「……消滅利德維加（Rydvika）、勒札維茨地區的敵軍，並於第一天結束前到達沙克霍沃（Shakhovo）至沙切洛可夫（Shchelovkovo）一線。」

楚凡諾夫的部隊包括大約六十輛T-34戰車和三十輛T-70戰車。在與已在該地區作戰的蘇聯部隊取得聯繫之後，楚凡諾夫的先頭部隊於七月十二日傍晚開入戰場。俄軍進一步的攻擊不僅迫使胡諾斯多夫（von Hunersdorff）將第6裝甲師的主力撤回北頓內次河南岸，並牽制住了第19裝甲師所把守的橋頭堡。

范屠亭與羅特米斯托夫迅速而果斷的反應，恢復了北頓內次河沿線的蘇聯防線，並挫敗了第3裝甲軍於七月十二日向普羅科洛夫卡推進的企圖。但正當楚凡諾夫的部隊向南進發時，離羅特米斯托夫總部更近地區所發生的事件吸引住了他大部分注意力。

在一個狹窄的區域，德蘇雙方上演了一場後來被稱之為「普羅科洛夫卡之戰」的血腥戰鬥。從德軍戰線看，北方的交界線為蜿蜒的普塞爾河。東南方是一望無際、成熟待收割的黑麥和小麥田地，再往東四‧八公里（三英里）就是普羅科洛夫卡，這一帶地平線上最高處就是高大的穀倉。離普塞爾河僅四英里之外便是戰場的最南端——庫斯克至貝爾哥羅的鐵路路基，再往南的地形不是丘陵，就是將地表切得

↑照片右面是巴克拉諾夫（G.V. Baklanov）少將。他於7月8日接到帶領部隊加入弗洛奈士方面軍的命令。巴克拉諾夫指揮第13近衛步兵師，為第5近衛軍團的一部份。

↓一位紅軍近衛戰車上校正在向部下發佈指令。圖中左方是一個戰車編隊中兩輛正在休息的戰車。在圖中這種荒野地帶，引導方向對於戰車部隊來說是一個很令人頭疼的問題。準確找到路線關重要，尤其是在可能有敵軍佈雷的區域。

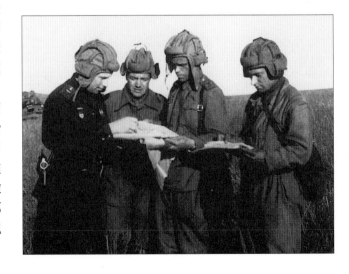

↑波卜夫中將的第2戰車軍於7月8日脫離西南方面軍，並於7月11日加入第5近衛戰車軍團。照片原來的標題為：「波卜夫中將正用無線電與一位戰鬥中的戰車組員通話。」

↓「布拉德（P.T. Brud）的火砲小組擊毀了七輛戰車，其中一輛為虎式戰車。下士費諾根（M.T. Finogim）、二兵切諾夫（D.M. Chernoff）和奇特基爾克（P.V. Zhitkilkh）。」照片的原題如此讚美這些士兵的英雄行徑。紅軍宣傳機器經常利用這樣的機會來鼓舞蘇聯平民的士氣，宣稱百姓所製造的武器得到了良好的運用。

零碎的谷地，完全不利於任何形式的戰車對戰車作戰。

當太陽自草原升起時，深夜大雨淋濕的地面隨之乾燥起來。當「希特勒近衛」師的裝甲擲彈兵在破曉展開行動時，一陣清涼的東風將雲彩吹過沉悶的天空。他們擔負著一個緊急任務：佔領史托羅柴渥伊。此時是六時五十分。剛過八時，「希特勒近衛」師的六十七輛戰車開始向前推進支援他們的步兵。接下來就發生一名先頭部隊的黨衛軍戰車軍官所說的畫面：

「一道煙霧彈發出的紫色煙霧從空中升起。它代表的意思是：敵軍戰車接近！

「同樣的信號不斷自各處斜坡的山頭升起。這種警示危險的信號還出現在右方遠處鐵路的路基附近。

「小河谷延伸至我們的左方，當我們順著斜坡向下行駛時，看到了頭一批T-34戰車，它們明顯是想從左方包抄我們。

「我們在斜坡上停下來開火，幾輛蘇聯戰車被擊中後燃燒起來。對於優秀的戰車射手來說，八百公尺（八百七十四碼）是理想的殲敵距離。

「在我們停下來觀察是否會出現更多敵軍戰車時，我習慣性地向四處張望。映入我眼簾的景象令我說不出話。在我前方一百五十至二百公尺（一百六十四至二百一十八碼）的矮丘上，出現了十五輛、然後是三十輛、然後是四十輛戰車。最後戰車數量已多得數不清。T-34戰車高速向我們衝來，車上還搭載著步兵。」

它們是蘇聯第29戰車軍第31和第32戰車旅的戰車。與此同時，「希特勒近衛」師的戰車部隊左翼六百至一千公尺遠的地方，至少有六十輛蘇聯戰車發起了攻擊。在接下來的三個小時中，雙方展開了殊死戰鬥。一名參與此役的黨衛軍士官回憶道：

「他們於早晨發起攻擊。四周、頭上，甚至是我們彼此之間，都是敵軍。我們展開了肉博戰；從散兵坑中躍出，將磁性吸附空心裝藥手榴彈（magnetic hollow-charge grenades）向敵軍戰車擲去；並跳上我們的裝甲運兵車，追擊所能看到的任何敵軍車輛或士兵。真是宛如身處地獄！九時（莫斯科時間十一時），戰場重新回到了我們手中。我們的戰車發揮了巨大的作用，光是我們連就摧毀了十五輛蘇聯戰車。」

↑這輛失去機動力的豹式D型戰車成為俄軍另一個戰利品。機械問題一直困擾著庫斯克戰場上所有的豹式戰車，圖中這輛戰車看來也不例外。從拖曳繩和斷裂的履帶來看，這輛豹式戰車是在回收時遭到遺棄的。豹式D型戰車在傾斜裝甲上裝有一擋板以保護機槍，還有一個鼓狀的車長指揮塔。

↑圖中的伊萬諾夫（G.V. Ivanov）上尉所帶領的防砲小組射下了兩架德軍戰機。在這時候，紅軍士兵已經熟悉了記者的舉動，因此他們在鏡頭前的神情也不再僵硬古板。

↓一隊1941式及1943式T-34戰車的混合隊伍在前往「屠宰場」普羅科洛夫卡的路上，他們正停下來核對方向並呼吸幾口新鮮空氣。最靠近鏡頭的那名戰車兵在檢查履帶，在高速行駛的情況下，這是一項極為必要的舉措。

在第2黨衛裝甲軍的各個戰線上，同樣的場景一次又一次地發生。另一名黨衛軍士兵回憶道：

「鐵路路基左邊的山頂上出現了三輛…五輛…十輛…但是計算戰車的數量幹嘛呢？一輛接著一輛的T-34戰車翻過山頭向我們全速駛來，火力齊射。它們直接衝入了我們的步兵陣地。我們的五門戰防砲在第一輛戰車一出現就開火，幾秒後目標便冒著黑煙癱瘓在原地。有

時候我們甚至不得不與搭乘在戰車上的蘇聯步兵展開近接肉搏。

「然後，突然之間，大約有四十至五十輛T-34戰車從右邊向我們衝來。我們不得不調轉砲口向他們開火……

「一輛T-34直接出現在我面前，我的射手叫得如此之響，我甚至不用收話器也能聽到他的聲音。『砲管裡只剩下最後一發砲彈』，這件事還更糟！我轉過砲口對準僅距一百五十公尺（一百六十四碼）的T-34，正在此時，又一個悲劇發生。後半段砲座塌了下來，砲口頃刻間指向天空。我利用砲塔轉動的力量拉下這門七十五公厘砲的砲管，設法對準T-34戰車的砲塔，然後開火。正中目標！艙蓋打開後跳出兩個人，當一個留在原地不動時，另一個則跑過公路尋求房屋的掩護。此時這輛T-34距我只有三十公尺（三十三碼）距離，我朝它又開了一砲。

「在一個寬約一千五百公尺（一千六百四十碼）的區域，到處是起火燃燒的戰車殘骸，另有十至十二門火砲冒著黑煙。我們猜想敵

軍投入了一百二十輛戰車,但也有可能更多,畢竟有誰來得及去算啊!」

德軍沒有預料到會有這種情形,在他們的作戰計劃中從未想過蘇聯會主動進攻。

普羅科洛夫卡西南方的一座小山上的指揮所中,羅特米斯托夫、蘇聯紅軍參謀本部代表法希里夫斯基、以及第29戰車軍軍長克里成科,將整個戰場的全盤形勢看得一清二楚。在觀察了六時三十分以後展開的空戰和八時以後為時十五分鐘的砲轟之後,羅特米斯托夫於八時三十分正下達了戰車進攻的命令。

隨著「前進、前進、前進」迴響在他們的耳邊,羅特米斯托夫的戰車部隊指揮官們發動五百輛搭乘著第九近衛空降師步兵的戰車及自走砲,直接向來犯的德軍衝去。蘇聯的官方記錄如此描述這個場面:

「戰場對於數百輛裝甲車來說似乎過於擁擠。一群又一群的戰車駛過草原,在小樹林和果園後方尋找掩護。轟隆的砲聲交織成一種毫無間斷、帶有威脅的咆哮。

「第5近衛戰車軍團的戰車全速前進,衝入納粹的軍隊之中。攻擊開展得如此之迅速,敵軍毫無準備時間。蘇聯戰車的先頭部隊瞬間穿越了敵軍的第一梯隊,摧毀了他們的先頭部隊及下級單位。近距離戰鬥使虎式戰車失去了主砲威力和重裝甲的優勢,T-34戰車成功地在近距離將它們擊毀。數量眾多的戰車遍佈整個戰場,既無時間也無空

間來脫離戰場或重組陣形。近距離發射的砲彈足以貫穿戰車正面和側面的裝甲,射入車內往往引爆戰車的彈藥,爆炸威力甚至會將戰車砲塔拋到數十碼外的地方,留下扭曲變形的軀殼身首異處。

「很快地,濃厚的煙霧就籠罩了整片天空。在焦黑的土地上,面目全非的戰車有如火炬一般熊熊燃燒。到底是哪一方在進攻,哪一方在防守已經難以分辨。這場仗不同於其他地區的戰鬥。」

羅特米斯托夫後來評論道:

↑在庫斯克戰場上一輛被擊毀中的T-34戰車。紅軍戰車兵在戰鬥中表現出視死如歸的勇氣,尤其是在普羅科洛夫卡,他們在那裡與德軍戰車短兵相接。

↑德軍的慘重損失。圖為黨衛軍裝甲部隊潰退後不久，俄軍所拍攝的戰場畫面。這裡的戰車主要是四號戰車，但照片左邊為一輛「貂鼠」三型自走戰防砲，是由一門蘇製76.2公厘砲安裝在捷克的38（t）戰車底盤上。

↓如圖，長管50公厘砲是三號戰車所能安裝的最大火砲。三號戰車是跟在由虎式戰車組成的德軍「裝甲楔子」後方。但是，在普羅科洛夫卡發生的艱苦拉鋸戰可不是一場規規矩矩的訓練演習，三號戰車在此傷亡慘重。

「我們的戰車是以近距離摧毀虎式戰車……我們知道它的弱點，因此我們的戰車兵射擊它的側面。在如此近的距離內，發射的砲彈可以在虎式戰車的裝甲上撕開一個大洞。

「……這樣看來，我們和德軍兩邊都同時發起了攻勢。」

在上午的戰鬥過程中，「希特勒近衛」師的戰車被擊退至歐提亞布瑞斯奇，但俄軍為此付出的代價相當驚人——接近百分之五十的損失。搭乘戰車的步兵，其勇氣只能用令人驚歎來形容。在一個子彈亂飛的戰場環境，他們抓住砲塔上的金屬把手緊緊吸附在顛簸不停的戰車上，呼吸著汽油廢氣和火藥味混合的臭氣，然後跳到堅硬的地面加入戰鬥，巨大的傷亡自然是在所難免的。蘇聯戰車兵同樣具備了這種狂熱盲目的勇敢。蘇聯的官方歷史這樣描述：

「第18戰車軍第181旅第2營沿普塞爾河左岸展開進攻，他們遇到一隊虎式戰車，敵軍立即停下來向蘇聯戰車開……幾輛虎式戰車同時朝史固立欽（Skripkin）的戰車開火。一發敵軍砲彈擊穿了戰車側面裝甲，令車長受傷。駕駛員和無線電操作員將他拖出戰車，藏在一個彈坑中。但其中一輛虎式戰車向他們駛來。駕駛員兼技工的尼科勒耶夫（Alexander Nikolayev），跳回受損並且仍在燃燒的戰車，啟動引擎，然後逕自向敵軍全速衝去，宛如一團火球在戰場上飛馳。那輛虎式戰車停了下來，猶豫了一會兒，然後開始轉身逃離。但此時已為時太晚，這輛燃燒的KV戰車以全速撞上了德軍戰車，猛裂的爆炸撼動了大地。這次撞擊令納粹部隊目瞪口呆，他們連忙開始撤退。」

　　午後不久，蘇聯第170戰車旅儘管已經損失了其六十輛戰車的三十輛，仍與「希特勒近衛」師的裝甲偵察營展開了激烈的交戰，後者正拚死保護該師的後方。接近傍晚時，俄軍在該地區形成的壓力已經危及到「骷髏」師與「希特勒近衛」師的連接處，但「骷髏」師虎式戰車連一次適時的逆襲穩住了戰局。此時「希特勒近衛」師被迫放棄歐提亞布瑞斯奇並繼續後撤一公里（〇·六英里）以便進行重整。

　　當夜幕降臨時，俄軍開始挖掘半地下工事。克里成科的部隊成功抵擋住了黨衛軍對普羅科洛夫卡的進攻，但也付出了極高的代價：光是「希特勒近衛」師就宣稱摧毀了一百九十二輛蘇聯戰車及十九門戰防砲，而他們自己的損失僅僅為三十輛戰車。

　　德軍在其他地方戰況更佳，尤其是「骷髏」師的正面，即普塞爾河以南的地區。在一百二十一輛戰

車和突擊砲的威力下，「骷髏」師於中午前佔領了二二六高地，大大削弱了羅特米斯托夫的右翼。對於蘇聯人來說幸運的是，「骷髏」師推進至波列澤耶夫（Polezhaev）後無法繼續向前，但在向普羅科洛夫卡的進攻中，它是德軍推進得最深入的部隊。

　　位於「希特勒近衛」師右翼的是「帝國」師，後者擁有九十五輛戰車和突擊砲，其中包括八輛T-34戰車。該師的官方歷史記載了它的行動：

↑成功或失敗都必須付出的人員代價：陣亡。不管是史達林或希特勒都對個別士兵的生命沒有興趣，他們只不過是達成最終目的的無名小卒。

↓一輛哈諾瑪格（Hanomag）Sd Kfz 251/10的衍生型裝甲車。從它扭曲、四分五裂的車側裝甲來看，它的致命傷應為一次內部爆炸。車上的37公厘Pak 36/37砲顯示這是一支德軍裝甲擲彈兵部隊的排長型車。朝向後方的槍架是用於安裝防空機槍，在側面裝甲的上半段，可隱約看見這部車的戰術編號。

↑一輛被擊中的四號戰車在普羅科洛夫卡附近的戰場上起火悶燒。曼斯坦的戰車部隊已經竭盡全力，但蘇聯擋下了他們的攻擊，並摧毀了希特勒在東線戰場取得最終勝利的美夢。

↓火力不足、裝甲薄弱，在這場絕對不容許有這些缺點的會戰中，這些三號戰車付出了最大的代價。砲彈的威力將它們的側面裝甲完全撕開。很明顯，鏡頭最前的戰車正試圖倒退以逃離危險，而就在此時履帶被擊中斷裂。

「『德意志』裝甲擲彈兵團（Deutschland Regiment，該師兩個裝甲擲彈兵團之一）繼續保護向前推進的『希特勒近衛』師的側翼，『帝國』師的其餘部隊仍然採取防禦，打退敵軍一連串的步兵和戰車攻擊。其中一個有趣的插曲是我軍使用T-34戰車來攻擊俄軍，這些戰車是『帝國』師在卡爾可夫的一個工廠中取得的。一支俄軍縱隊沿著一個山谷行駛，大約有五十輛車輛……該縱隊的行駛方向表明它正前往攻擊『元首』裝甲擲彈兵團（Der Führer，該師第二個裝甲擲彈兵團）。

「在俄軍縱隊上方的高地等候著他們的是『帝國』師的T-34戰車隊，後者向蘇聯戰車無情地開火，令它們遭受滅頂之災。德國

戰車兵使用了學自俄軍在戰爭伊始所使用的戰術：先幹掉敵軍的指揮戰車。因為俄軍只有這輛戰車會同時安裝無線電接收器和發射器，其他的戰車只有接收器，彼此之間無法進行無線通訊。紅軍戰術中還有另外一個弱點。俄軍戰車會在後方的裝甲上攜載一個金屬圓桶，用來裝後備燃料。擊中這個圓桶能夠引燃其中的汽油，使戰車爆炸。」

八時三十分，波迪涅將軍第2近衛戰車軍的一百二十輛戰車加入進攻，有效阻止「帝國」師繼續為進兵普羅科洛夫卡的「希特勒近衛」師提供支援，並且更嚴重的是，使它無法繼續保護「希特勒近衛」師的右翼。

「帝國師右翼的戰鬥愈演愈烈。由於布瑞斯（Breith）的部隊尚未趕到，蘇聯第2近衛戰車軍不斷從豪賽爾與布瑞斯的部隊之間的空隙發起進攻。『這個該死的空隙！俄軍攻擊我方側翼試圖使我們分散兵力，減低我們應付普羅科洛夫卡敵軍的力量，』一位團長西奧瓦斯特‧斯特德勒（Sylvester Stadler）如此抱怨道。」

俄軍對「帝國」師的進攻於下午中止，因為一場暴雨令整個戰場變得泥濘一片。稍後，第26近衛戰車旅被派往南方，支援楚凡諾夫的部隊攻擊德國第3裝甲軍。

隨著戰火在普羅科洛夫卡這個「大鍋」裡不斷延燒，德軍在西面的形勢也開始惡化。第48裝甲軍正準備跨越普塞爾河向奧波揚推進，第4裝甲軍團卻又遭到范屠亭另一波牽制性攻擊。

卡圖可夫的第22近衛步兵軍匆忙完成重新部署，動用一百輛戰車於九時突破了德軍第332步兵師的陣地。十七時，克萊夫臣科的第五近衛戰車軍在其七十輛戰車的幫助下，抵達拉科沃，同時，博剋夫的第10戰車軍將德軍第3裝甲師逼退至維科皮尼和別列佐夫卡。

德軍如果不想讓整個南方之鉗的攻勢崩潰，只剩下不到五十輛戰車的第3裝甲師必須得到支援。為應對這一威脅，「大德意志」師被重新部署。這次調動的後果就是只剩下第11裝甲師孤軍作戰，而其本

↑「斯圖莫維克」對地攻擊機的受害者。隨著戰事演變，德軍戰車已經無法仰賴德國空軍來掌控蘇聯的天空。這三輛四號戰車誤入開闊無遮蔽的地帶。身處這種地形，在37公厘加農砲和82公厘火箭的搭配運用下，「斯圖莫維克」可以輕易置它們於死地。

↓德軍的另一款經典軍事武器，88公厘防空砲。蘇聯取得普羅科洛夫卡的勝利後，這門損壞的火砲被德軍遺棄在戰場上。砲管上的十個白色圓圈可能是標記「擊殺」的次數。被拆走的輪胎可能是用於其他火砲的底盤，因為當時的德國相當欠缺橡膠。

↑一個蘇聯步兵班正謹慎而又好奇地查看已面目全非的豹式戰車殘骸。備受期待的豹式戰車在「衛城作戰」中的處女秀並不令人滿意。兩個排氣管之間有一個明顯的德軍十字標誌。

↓在普羅科洛夫卡之戰中，蘇聯的火砲、迫擊砲和火箭展現出可怕的殺傷力，圖中這些蘇聯步兵查看的正是慘遭它們「毒手」的犧牲品。從這輛四號戰車的殘骸中，勉強能夠看到一輛蘇聯「威利」吉普車的後部。

身也只剩下五十多輛戰車，其進攻只能算是刺探蘇聯的防線。接近傍晚，第11裝甲師也遭到蘇聯戰車的攻擊。儘管俄軍取得了一些進展，但第11裝甲師拚死守陣地，最後范屠亭取消了進攻，因為暴雨再次降臨，使得地面無法通行。

　　一場勢均力敵的戰鬥在大自然的干涉下偃旗息鼓。大雨洗清了遍佈血漬的地面，也使負傷士兵的腦袋冷靜了下來。一片狼藉的普羅科洛夫卡戰場上留下了數百輛戰車、自走砲及其他機械車輛的殘骸，到處是扭曲變形、燒成黑炭的可怖屍體，無神的眼珠瞪著天空，有不少都是他們元首的無情及不切實際的野心下的受害者。

　　但對於戰鬥後倖存的人來說，他們還得準備第二天的屠殺，因為庫斯克的血腥史詩尚未在普羅科洛夫卡這一停屍間畫上句號。德國陸軍和蘇聯紅軍的領導人都在評估當天戰鬥的結果。法希里夫斯基同意范屠亭的看法，即形勢的嚴峻性只允許俄軍採取協同行動：蘇聯部隊必須持續在整個戰線全面施壓。范屠亭隨後發佈命令，所有前線部隊必須：

　　「……防止敵軍從西面和南面進一步向普羅科洛夫卡推進；由第5近衛戰車軍團的部分兵力和第5近衛機械化軍的兩個旅展開聯合行動，掃蕩滲透至普塞爾河北岸的敵軍兵力；肅清德軍第3裝甲軍已經滲透入勒札維茨地區的部隊；第1戰車軍團和第6近衛軍團繼續發動

↑象式戰車的粗厚側面裝甲從這張照片中可見一斑。已移位的後方艙蓋右邊是一個未經確認的部隊標記。由於德軍在突出部的北部攻勢寸步難移，紅軍的情報參謀才得以從容地視察一些在戰鬥中落入他們手中的德軍最新武器。

攻勢、第5近衛軍團繼續向右翼發動攻勢。」

同時，俄軍第2航空軍團（Second Air Army）受令支援楚凡諾夫部隊的全力進攻。羅特米斯托夫向他的部屬下達了作好迎接德軍可能於明日再次發起進攻的準備。此外，楚凡諾夫正準備向德軍第3裝甲軍發起一次攻擊。這將是一次傾盡全力的嘗試，旨在一舉清除第3裝甲軍向北推進的威脅。

當天晚上，法希里夫斯基被轉派至西南方面軍，協調即將發起的攻勢，出於同樣目的，朱可夫則被派往范屠亭那裡。對於庫斯克之戰，蘇聯方面開始進入他們計劃的反攻階段。

然而，在德軍一方，戰局變得愈發不明朗。英美聯軍登陸西西里以及蘇聯發動了顯然是針對奧勒爾的攻勢——「庫圖佐夫作戰」（Operation Kutuzov），使德軍對於「衛城作戰」的價值再次產生懷疑。於是，霍斯下令大幅減低第二

天的攻擊行動，並縮緊由第2黨衛裝甲軍和第3裝甲軍夾擊形成的包圍圈。「希特勒近衛」師和「帝國」師都固守所在地區，而「骷髏」師則受令於第二天繼續展開進攻：

「……繼續其右翼在東北方的普塞爾河河谷的攻擊行動，並調動盡可能多的部隊（至少一支裝甲武力）向普塞爾河以北的山脈推進，直至抵達從布瑞葛菲至卡塔西弗卡的公路。此舉將在普塞爾河的東南部形成渡河點，並聯合『希特勒近衛』師摧毀位於佩卓夫卡東南和西南方的敵軍力量。」

為了鼓舞士氣，霍斯向部隊轉述了一條來自曼斯坦的訊息，即他希望：

「……對第2黨衛裝甲軍各師在本次戰鬥中的傑出表現及模範行為，表達他的感謝和敬意。」

或許對於倖存者來說，這是令人振奮的話語，但對於死去的人，這又能表達什麼慰藉呢？

↓被俘獲的三號N型戰車正被拖往營地。三號戰車曾安裝有短管75公厘L/24火砲，以執行近距離火力支援任務。砲管上還裝有遮罩保護其不受到灰塵的侵害。在庫斯克作戰結束後，三號戰車的生產隨即終止。

第十一章
撤退

庫斯克打了也輸了，如今德國軍隊在東線戰場上將面臨一場敵軍具有巨大數量優勢的守勢作戰，而。對於蘇聯來說，這場會戰標誌著與納粹德國的一個戰爭轉捩點。

　　一九四三年七月十三日，這是攸關第三帝國命運的一天。希特勒找曼斯坦和克魯格到他東普魯士（East Prussia）的總部——「狼穴」（Wolfsschanze）——舉行會議。

　　英美聯軍登陸西西里之後，盟軍入侵歐洲南部其他地方的可能性越來越大。因此，希特勒以一段簡單的聲明迎接南方集團軍和中央集團軍的司令官：

　　「我必須防止這種事發生。因此我需要派部隊到義大利和巴爾幹。既然除了將第1裝甲

師從法國調往伯羅奔尼撒半島（Peloponnese）之外，沒有其他地方可以抽調部隊，我們只好從庫斯克前線抽調。因此，我不得不取消衛城作戰。」

　　但是，希特勒也相當關注「庫圖佐夫作戰」——蘇聯對於奧勒爾突出部的攻勢。摩德爾的第9軍團已經傷亡兩萬多人，戰車部隊也遭受嚴重損失。克魯格急切地支持元首取消「衛城作戰」的決定。而曼斯坦剛好相反，他對於庫斯克的局勢相當樂觀，在霍斯和肯夫的支持下，他希望繼續進行「衛城作

↑當俄軍緊隨著德軍撤退的腳步趕到，圖中這類殘骸遍野的畫面就越來越不新奇。隨著德國空軍所能提供的空中支援日益萎縮，而蘇聯飛行員則更加自信、經驗更加豐富，開闊草原上的德軍戰車遂成為蘇聯對地攻擊機的主要目標。

↑這兩張圖一起展示了一幅戰爭殘酷的真實寫照。這些躺在尚未割斷的鐵絲防禦網前的陣亡士兵,曾像潮水一般衝入戰場,又像割麥一般紛紛倒下。從很多方面來看,庫斯克突出部與第一次世界大戰的戰場十分相似。

↓在德國研製的火箭發射器中,六管火箭發射器是使用最廣泛的一種。六個砲管的口徑均為150公厘。它砲彈的重量比常規火砲更重,但即使如此,它的命中率還是要差得多。不管如何,它的目標是飽和轟炸一片區域,並藉此打擊敵軍的士氣。六管火箭發射器的射程為7000公尺(7330碼)。

戰」,並排除了蘇聯進攻卡爾可夫以南的可能性。事實上,他堅信南方集團軍能夠獲得成功,以至於早已將第24裝甲軍——由第5黨衛裝甲擲彈師「維京」和第23裝甲師組成——派往卡爾可夫附近的集結區,準備繼續德軍的攻勢。第24裝甲軍可提供額外的一百零四輛戰車和七輛突擊砲,依曼斯坦的說法,這將可以恢復德軍進攻的衝力。

曼斯坦爭辯道,最低限度,他的部隊可以重挫紅軍的戰略預備隊。有趣的是,在他的戰爭回憶錄中,他宣稱蘇聯在庫斯克會戰中的損失與德軍相比為四比一,並且蘇聯還投入了所有的預備隊。希特勒沒有理會這些論據,仍然固執己見:「衛城作戰」將被取消。但他也作出讓步,即南方集團軍可以繼續以縮小的規模展開進攻,目標是摧毀蘇聯的作戰層次的預備隊,以防止他們於當年夏季發起任何攻勢作戰。曼斯坦回到他的司令部後,決心剝奪蘇聯展開大型攻勢行動的能力。

庫斯克突出部南部邊緣的戰事報告混雜不一。在普羅科洛夫卡地區,戰鬥情況無足輕重。第2黨衛裝甲軍報告說自身的裝甲兵力為二百五十輛戰車和突擊砲,其中有四輛虎式戰車和十二輛T-34戰車。「骷髏」師承受著來自蘇聯第10近衛機械化旅和第24近衛戰車旅的巨大壓力,在向普羅科洛夫卡推進方面無法取得任何進展。而「希特勒近衛」師所發起的支援性攻擊也沒有取得任何實質性進展。不過蘇聯的反攻同樣無功而返:

「十二時四十分(莫斯科時間十四時四十分),俄軍對我方主要戰線的進攻以失敗告終。我方防禦

↑這兩名蘇聯士兵是特種偵察（Razvedchik）部隊的成員，他們正向當地人詢問方向。特種偵察隊員經常與發展迅速的蘇聯游擊部隊合作，並且能夠得心應手地使用俘獲的軸心國武器。

成功主要歸功於『希特勒近衛』師的砲兵團、第五十五火箭砲兵團以及重型步兵武器的集火射擊。」

　　儘管「希特勒近衛」師和「骷髏」師未取得進展，不過「帝國」師在重新奪回陣地之後再次佔領了史托羅柴渥伊，隨後推進至維諾加多夫卡的郊區。「帝國」師取得了一定的進展，並向德國第3裝甲軍的先頭部隊靠近。

　　楚凡諾夫的攻擊按計劃實施，但恰好與德軍第19裝甲師擴大橋頭堡的行動有部分重疊。激烈的戰火肆虐了一整天，為了牽制布瑞斯的戰車，楚凡諾夫的第26近衛戰車旅和第11近衛機械化旅都遭受了重大損失。總之，七月十三日結束時，德軍第7裝甲師已經準備好加入第19裝甲師，於明天一早對普羅科洛夫卡展開聯合攻擊。曼斯坦受

限的持續攻擊戰略看上去仍然可行。南方集團軍縮小規模的作戰行動被冠以「羅蘭作戰」（Operation Roland）的代號。

　　在西邊，「大德意志」師最後終於完成重整，並於七月十四日聯合第3裝甲師對蘇聯第5近衛軍、第10戰車軍及前來支援的第6戰車軍實施逆襲。德軍的逆襲逼退了俄軍，七月十五日，范屠亭要求卡圖可夫採取防禦姿態。曼倫森將軍對德軍第48裝甲軍的行動做了持平的記錄，記述如下：

　　「這一切當然是某種程度的成功；左翼危險的形勢得到緩解，而第3裝甲師也得到了一定的支援。但『大德意志』師在經歷十天的連續苦戰之後，因為過度虛弱而身處險境，因為俄軍的進攻力量並沒有因此明顯削弱。實際上，他們兵力

↑這類戰壕在庫斯克突出部處隨處可見。乾燥、多沙的土地難以挖掘和維持，但是這些戰壕總算妥善地完成使命，如今能做的就是等待當地平民歸來後，將它們回復原狀。

↓這兩座風車俯瞰著前往貝爾哥羅的道路。圖中，一支紅軍警戒部隊在沒有搜尋到脫隊的德軍之後，正返回己方陣地。

似乎甚至更多了……至七月十四日晚上，德軍進攻時間表顯然已被完全打亂。投入戰鬥時尚有八十輛豹式戰車，此時已經所剩無幾了。」

七月十三日晚上，南方集團軍發佈了關於「羅蘭作戰」的命令，這場作戰的目的是在普羅科洛夫卡一帶建立一個持續性的戰線，並盡可能地消耗蘇聯兵力。簡單地說，也就是把第3裝甲軍和「帝國」師連接起來，將盡可能多的蘇聯部隊包圍在李波維頓內次河及北頓內次

河之間。掃蕩包圍圈中俄軍的工作將留給第167步兵師和第168步兵師。

朱可夫和范屠亭準確地預測到德國的行動，並且採取了預防措施。大批部隊被留下來保護普羅科洛夫卡，所有可獲得的裝甲預備兵力都被派去增援楚凡諾夫，爭取更多時間讓克留瓊金（V.D. Kryuchevkin）將軍的第69軍團脫離包圍圈。

「帝國」師於七月十四時四時發動進攻；戰況異常激烈，「帝國」師的官方歷史如是描述：

「他們毫不在意損失地穿越大片雷區，繼續大步向前，目標是普拉沃羅特西南方的高地。中午時分，他們奪取了高地下方貝倫尼契諾（Belenichino）村的第一排房屋，然後開始對每一幢房屋逐一進行肉搏爭奪。蘇聯十二輛參與戰鬥的戰車被擲彈兵使用空心裝藥手榴

↑走出指揮所與部屬談話能夠有效地鼓勵士氣，這是一種很有必要的做法。在這張照片中，羅柯索夫斯基元帥和中部方面軍的政委，泰勒金（K.F. Telegin）少將，正與一名明顯緊張不安的士兵交談。

彈摧毀，頭上的斯圖卡飛機對俄軍進行俯衝轟炸，逐一摧毀了他們在村莊內外的防禦。隨著貝倫尼契諾最終落入德國人手中，擲彈兵營在裝甲團保護下就地進行了重組，這支裝甲團之前在一陣混亂中以逆襲擊退俄軍。在當天剩餘的時間裡，裝甲團自始至終繼續引領該師的進攻。但是十五日晚進攻之初的順利進展，卻因為一場磅礡大雨沖走路面而失去了衝勁。不過當裝甲團遇上第7裝甲師的先頭部隊時，軍部下達的另一項命令——與第3軍建立聯繫，也得以完成。兩軍的會合將敵軍部隊包圍並消滅在戈斯蒂什切沃（Gostischevo）至列斯基（Leski）區域。」

但是緊跟在上述樂觀戰況之後的，卻是憂心忡忡的展望：

「儘管這次作戰獲得成功，但是形勢已經清楚顯示『衛城作戰』不可能取得勝利，因為德軍在北方和南方兩方面的推進都未達到預期的深度，他們前方仍然還有長達一百三十公里（八十英里）以上的防禦地帶，其中戰壕交錯、地雷密佈，並且大批蘇聯裝甲力量嚴陣以待。」

儘管德軍封上了包圍圈，大部份蘇聯部隊仍得以逃脫，而德國戰車的數量已經到了屈指可數的地步。例如「希特勒近衛」師，只剩下五十五輛戰車和二十八輛突擊砲。

不管如何，曼斯坦得到了相連的戰線，並期待著粉碎俄軍的所有反攻。事實上，在蘇聯的戰線後方，柯涅夫大草原方面軍的第27軍團和第53軍團，再加上第34近衛戰車軍及第I機械化軍的四百輛戰車，已經開始在奧波揚和普羅科洛夫卡附近集結，並且第47軍團已移

動至蘇米洛夫（Shumilov）的第7近衛軍團後方。朱可夫和范屠亭開始準備轉入進攻態勢，並且這場攻勢定於七月十七日開始。

然而，希特勒卻替紅軍省去了這番辛勞。七月十七日中午，他下令第2黨衛裝甲軍撤退並等待調往義大利。因此「羅蘭作戰」以及曼斯坦的希望就此告終。

七月十七日，俄軍對南方集團軍最東端的防線發起了下一波攻擊，也就是在伊茲姆附近米亞斯河及北頓內次河沿線。此次行動的目的是分散德軍的注意力，以順利實施蘇聯將於夏季發動的大規模攻勢——「魯姆揚采夫作戰」（Operation Rumiantsev）。「頓內次－米亞斯河作戰」很好地實現了目標，黨衛軍「帝國」師和「骷髏」師被吸引派往米亞斯河，但「希特勒近衛」師則離開前往義大利。

然而，蘇聯在奧勒爾正面的行動，對德軍形成最明顯、最緊迫的威脅。「庫圖佐夫作戰」已於七月十二日開始，由布里安斯克方面軍攻擊突出部的前端和南翼，西部方面軍的左部攻擊突出部的北翼。中部方面軍定於七月十五日加入進攻，此前與摩德爾第9軍團的戰鬥耗盡了它的元氣，需要休息和重新裝備。德軍對奧勒爾突出部的防禦重任落在魯道夫·施密特中將的第2裝甲軍團的肩上。第2裝甲軍團的名稱聽上去響亮，但實際上它的三個軍——第35軍、第53軍和第55軍——是由十四個步兵師組成，第5裝甲師做為其預備隊，全部軍力大約只有十六萬人及三百五十輛戰車和突擊砲。這與大兵壓境的蘇聯部隊相比，只不過是滄海之一粟。

當「衛城作戰」還在如火如荼開展時，指揮西部方面軍的索科洛夫斯基將軍和指揮布里安斯克方面軍的波卜夫將軍，悄悄地集結部隊以發動針對奧勒爾突出部的攻擊。西部方面軍集結了二十一萬一千四百五十八人、四千二百八十五門火砲和迫擊砲、以及七百四十五輛戰車和自走砲。布里安斯克方面軍的先鋒則擁有十七萬人和超過三百五十輛戰車和自走砲。做為預備隊的是另外一個新組建的部隊，擁有七百三十一輛戰車和自走砲的第3近衛戰車軍團。當弗洛奈士方面軍和中部方面軍受到的壓力達到頂峰時，史達林及其顧問都認為發動「庫圖佐夫行動」的時機到了。

七月十二日三時三十分，蘇聯

↓圖片中間那位是柯涅夫元帥，大草原方面軍的指揮官，而右邊那位便是朱可夫元帥。在弗洛奈士方面軍的協助下，大草原方面軍於「魯姆揚采夫作戰」中對德國南方集團軍發動進攻。

的砲火颶風般地掃向了德軍陣線。在空襲的輔助下，西部方面軍和布里安斯克方面軍的火砲和迫擊砲持續砲轟，直至剛過六時整。下午，第11近衛軍團衝入德軍陣線，最後被德軍第五裝甲師攔了下來。不管如何，夜幕降臨時，俄軍已經深入德軍陣地十公里（七英里）。羅柯索夫斯基在七月十二日當天的命令中寫道：

「中部方面軍的士兵以銅牆鐵壁般的意志，憑藉超凡的堅韌和頑強令來犯敵軍精疲力竭。經過一星期不屈不撓的戰鬥，他們擋下了敵軍的進攻。此戰的第一階段結束了。」

戰鬥於第二天繼續，俄軍的努力獲得了進一步成功。儘管殊死奮戰，德軍仍然沿一條二十三公里長（十七英里）的戰線後退了十五公里（十二英里）。奧勒爾突出部的德軍北翼戰線岌岌可危。

對於克魯格來說幸運的是，他在奧勒爾東部的戰場指揮官，指揮第35軍的羅塔爾・倫杜立克（Lothar Rendulic）少將，對防禦作了精心準備，「面對敵軍進攻的狹窄的區段，部署了二十四個步兵營中的六個，以及四十二個砲兵連中的十八個，與四十八門重型戰防砲中的二十四門。」截獲的無線電情報及空中偵察為倫杜利克提供了俄軍進攻的精確路線。倫杜利克精心準備的結果，便是七月十二日當天以三門戰防砲的代價換來蘇聯六十輛戰車的損失。布里安斯克方面軍的參謀長後來寫道：

↑圖中，拿著地圖詢問一名當地指揮官的范屠亭將軍正在考慮下一步行動。范屠亭得到史達林和朱可夫的高度評價。但在1944年，范屠亭被烏克蘭民族主義者殺死。

↓近衛偵察士官弗郎臣科（Frolchenko）是一位典型的「沙場老兵」（Frontovik），也就是在庫斯克之戰貢獻良多的俄國步兵。1943年的夏天格外炎熱，因此他的臉被曬得黝黑。但是，比起拍一張照片留給後代子孫，弗郎臣科似乎對點煙更感興趣。

↑在攝影師和記者的包圍下，第五近衛戰車軍軍長克萊夫臣科少將接受范屠亭元帥頒發的勳章。范屠亭的後面是赫魯雪夫，未來蘇聯的最高領導人，此時擔任弗洛奈士方面軍的軍事委員會委員。在庫斯克戰鬥中，赫魯雪夫扮演了一個重要、鐵石心腸的角色。

↓這一隊由尼洛夫（A.F. Nilov）少尉帶領的近衛戰車乘員，正驕傲地走向一場頒獎儀式。他們上衣右胸口袋的彩色徽章代表著隸屬近衛部隊。他們的左邊是一輛1941型T-34戰車，其艙蓋和引擎蓋都被打開以進行清洗和保修。

「布里安斯克方面軍第一天的進攻並不令人滿意。儘管砲兵和空軍為進攻部隊提供了強有力的火力支援，十二日當天方面軍突擊部隊的穿透深度僅為五至八公里（三·一至四·九英里）。敵軍在奧勒爾突出部將近兩年的防禦準備效果顯著。第一條佔領的戰壕後面是第二條，奪下一個陣地後又會看到另一個陣地，每一條防線後面總是會出現另一條。我們於七月十二日未能成功使戰車軍加入戰鬥。」

現在也接管第2裝甲軍團的第9軍團指揮官的摩德爾，下令四個師——包括第12、第18和第20裝甲師

——從「衛城作戰」中他所負責的區段脫離戰鬥，並在奧勒爾重新部署以抵擋俄軍的突破。

七月十五日，休息並整裝完畢的中部方面軍加入攻擊行列。儘管進攻未能成功，但對摩德爾日益萎縮的資源卻又是一次消耗。第二天，摩德爾命令以奧勒爾突出部為基地，建造德斯納河沿岸的防禦工事，以便保護布里安斯克的重要鐵路交匯點。這條防線便是著名的「哈根防線」（Hagen Line）。

但是，才過兩天，摩德爾就面臨新的難題。七月十七日，新組建的蘇聯第25戰車軍威脅到他在博可夫（Bolkhov）的後方防線。兩天後，李巴科（Rybalko）將軍的第12和第15戰車軍一邊推進一邊攻擊，並且渡過了奧勒森（Oleshen）河。在此過程中，李巴科的兩個軍的推進代表蘇聯的國土又進一步推進了十二公里（九英里）為了堅定德國陸軍死守的決心，希特勒禁止摩德爾的任何部隊後撤，並在七月二十日的元首命令

↑羅柯索夫斯基元帥在一輛俘獲的象式戰車上說明他的想法，一隊穿著整齊的蘇聯參謀軍官則在專心聽講，他們看起來更像是沙俄軍官而不是無產階級軍人。象式戰車裝甲強度可以從它承受的三種武器攻擊中明顯看出。不過履帶一斷，它的末日就降臨了。

↓想到他所從事的危險任務，這位地雷探測員顯然是一位樂觀主義者。除了自己一方的雷區之外，前進中的紅軍還必須應付德軍新埋下的地雷。很多德軍地雷使用玻璃、塑膠或者木頭製作外殼，以防止俄軍的探磁裝置。

↑ 在紅軍追擊德國陸軍的過程中，一支女性戰鬥工兵分隊正剪開帶刺鐵絲防禦網，身旁的是已備妥的PPSh衝鋒鎗。

↓ 極目所及之處全是德軍戰俘。史達林下令在史達林格勒完成重建之前任何德軍俘虜都不得返回德國。幾百萬名軸心國俘虜被迫參與蘇聯各地的重建工程。

中發佈了他的指令。當另一支蘇聯軍隊，費迪寧斯基（Fediuninsky）的第11軍團於七月二十一日開始衝破德軍奧勒爾北部搖搖欲墜的防線時，希特勒的指示愈發荒謬絕倫。七月二十二日，希特勒做出些許讓步，允許摩德爾採取機動防禦的策略。面對漏洞百出的陣線，摩德爾早已投入了第441和第707保安師（Security Divisions），但這兩個師的單位都沒有反戰車能力。

七月二十五日，蘇聯第3戰車軍團已經切斷了奧勒爾至庫斯克的鐵路線，並開始試探德軍防線的薄弱點。但是，由於摩德爾成功的守勢作戰，蘇聯紅軍參謀本部被迫修改攻擊計劃。俄軍包圍奧勒爾的方向從原來的北方和西方改為西南方。擁有超過四百五十輛T-34的李巴科第3戰車軍團，被調來執行這個任務。

然而，發生在義大利的事件再一次影響了戰情。七月二十五日，墨索里尼被捕。決心迅速作出回應的希特勒於七月二十六日再次「狼穴」召見克魯格，他宣佈第2黨衛裝甲軍必須立即開赴義大利，並且其他幾個師也將隨後趕到。為了調遣這些部隊，奧勒爾突出部的部隊必須盡快撤離。儘管克魯格提出抗議，「秋季旅行作戰」（Operation Herbstreise）將於七月二十八日批准。

在不久前抵達的「大德意志」裝甲擲彈兵師的支援下，德軍開始自「哈根防線」撤出。儘管遭到無數次游擊隊襲擊，德軍還是設法撤

走傷員和新到的補給品。此刻俄軍在這邊未能形成巨大威脅，因為「庫圖佐夫作戰」中過多的蘇聯編隊使得指揮和控管系統陷於混亂，俄軍部隊的重組給予了德軍少量而又寶貴的喘息空間。八月五日，奧勒爾的德軍全數撤走。

在德軍安裝的破壞炸藥的爆炸聲中，奧勒爾城又回到了蘇聯手中。十天後，德國完成了「哈根防線」後方的撤離。「庫圖佐夫作戰」結束之後，紅軍奪回了奧勒爾突出部，但卻未能將德國中央集團軍包圍在蘇聯所希望的「超級史達林格勒」之中。

如今史達林及參謀能夠將注意力集中到蘇聯的主要攻勢上來，展開庫斯克會戰的防禦後階段。這場攻勢被命名為「魯姆揚采夫作戰」，它的野心將遠比「庫圖佐夫作戰」來得龐大。

↑戰防砲是後衛的重要武器。圖中這門砲相當有趣，它是德法武器的混血兒，由法製97式火砲安裝在德製戰防砲的車架上。它的砲彈能在822公尺（900碼）外貫穿83公厘（3.5英寸）厚的裝甲。底盤後部安裝有一個小腳輪，方便以人力推動。具有孔洞的滾筒式砲口制退器是它一眼可辨的特徵。

↓對於這些亞利安（Aryan）高級人種來說，這場戰爭已經結束，而獲勝者是低級人種蘇聯人。德國陸軍戰線延伸過長，數量上又遠遜於對方。比起英勇戰死，投降是更明智的選擇。

↑這一隊難民算是相當幸運的。他們歸返的村莊看來沒有受到嚴重傷害，而且紅軍士兵還伸手幫忙。圖中的村民很少是男子，因為紅軍幾乎每到一個新解放地區，就徵募那裡所有的男性入伍。

↓當紅軍解放越來越多的地區，圖中這類場景就變得司空見慣。年輕的士兵在解放自己故鄉之後擁抱著自己的姐妹。照片原本的標題是說他剛剛得知父母已被殺害。

第十二章
尾聲

庫斯克的失敗令南方集團軍別無選擇，只能撤退至第聶伯河。儘管希特勒咆哮著命令寸土不讓，德國部隊仍不斷向西後撤，而幾百輛追擊的蘇聯戰車在他們後面緊追不捨。

　　希特勒將第2黨衛裝甲軍調離東線戰場之後，曼斯坦得以縮短陣線，於是便於七月五日將部隊調回原來的位置。由於第3裝甲師被派往南方支援米亞斯河的防禦，貝爾哥羅和卡爾可夫前方的德軍部隊延伸過長，已經稀薄到了危險的程度。當曼斯坦的注意力被「伊茲姆－米亞斯」攻勢分散，甚至還將「帝國」師和「骷髏」派往增綏，俄軍發動「魯姆揚采夫作戰」的時機已然降臨。

　　「魯姆揚采夫行動」的目標，就是以驚人的規模，完全消滅德軍第4裝甲團和第6裝甲軍團，並且抵達他們後方的黑海沿岸。紅軍的進攻將持續一段時間而不間斷，令德軍毫無喘息機會。此刻的蘇聯已擁有足夠的兵力、裝備及經驗來執行如此龐大的攻勢。俄軍最緊急的任務是奪取貝爾哥羅和卡爾可夫，這任務將由弗洛奈士方面軍和大草原方面軍負責。執行的方法非常單純；「朱可夫大棒」（Zhukov's bludgeon）將再次派上用場：大批火砲猛射、以壓倒性數量優勢的戰

↑儘管裝甲列車在空中武力出現後幾近過時，但在高機動火力支援方面仍扮演著重要角色。在寒冷的作戰環境下，圖中這些頭戴棉帽、身穿大衣的紅軍士兵正匆忙經過一列他們自己的裝甲列車殘骸──這列火車於1941年被德軍俘獲。蘇聯一直到冷戰時期時，都還一直以最大規模使用這種武器系統。

↑儘管機動車輛大大增加，蘇聯紅軍仍然大量使用馬匹。牠們拖曳著東歐極為普遍的四輪馬車（panji wagon），強壯的俄國馬能在這種環境下存活，而西方引進的馬匹卻難以適應而大批死去。圖中這些馬車正在穿越奧勒爾中部的奧卡河（Oka）淺灘。

→經過精心準備，蘇聯於8月3日發動了「魯姆揚采夫作戰」。在三個星期的血腥激戰後，卡爾可夫重新回到了蘇聯手中。圖中一輛輕型戰車駛過一條橫幅下方，橫幅上寫著：「讓我們在美國、英國及蘇聯之間和諧的軍事同盟下生活。」

↑兒童的苦難在戰爭中經常會被遺忘或忽視。圖中一群十歲左右的兒童，他們可能都是孤兒，正在廢墟上聆聽著蘇聯士兵講述英勇故事。很多這樣的男孩僅僅因為想填飽肚子或者尋求同伴而成為紅軍的一員。

↓更多的「租借協議」提供的車輛，這次是美製「懷特」M3A1偵察車，由第3近衛空降師的傘兵駕駛。這支紅軍偵察部隊正要前往德軍在奧勒爾以西的臨時防線——「哈根防線」周邊地區執行任務。

↑儘管中央游擊隊總部（Central Partisan Bureau）在8月的第一個星期裡組織了大量破壞活動，德軍還是成功從奧勒爾撤離。雖然俄軍得到了奧勒爾，但很多居民被德軍強迫一起撤離，同時兩萬名德軍傷兵也順利撤離。蘇聯軍隊正好充分利用這個機會，讓部隊在鮮花和旗幟的夾道歡迎下遊行。

↓在紅軍進入奧勒爾後，他們被領到了這一巨大的亂葬坑前。這些腐爛的屍體無聲地控拆著蓋世太保（Gestapo）在東歐佔領區的殘忍行徑。

車和步兵硬攻，使敵方任何技術或戰術上的巧妙差距都完全無效。史達林原本希望於七月二十三日發動「魯姆揚采夫作戰」，因為此時德軍已經回到了「衛城作戰」的攻擊發起點。但朱可夫提出，為了讓范屠亭和柯涅夫的部隊恢復元氣，延遲八天是必要的，史達林採納了他的意見。

延遲批准之後，俄軍仍分秒必爭地進行整備。七個蘇聯軍團中，有四個在庫斯克會戰中損失慘重。如今每個戰車軍團的兵力都達到了五百輛以上，而步兵更是源源不斷地補充進來。當「魯姆揚采夫作戰」展開時，弗洛奈士方面軍和大草原方面軍總共擁有超過九十八萬人、二千四百三十九輛戰車和自走砲、一萬二千六百二十七門大砲和迫擊砲，以及將近一千三百架戰機，而在它們的對面，德軍只有三十萬人、二百五十輛戰車和突擊

砲、三千門火砲和迫擊砲、以及不到一千架的飛機。

為了進一步迷惑德軍的情報偵蒐，俄軍在庫斯克的西南翼實施了各種欺敵行動。藉由偽裝陣地、傳送假無線電報、以及增加鐵路運輸量，將德軍第7裝甲師和第78步兵師吸引到這片區域，進一步弱化了已經受到嚴重威脅的德軍陣線。

八月三日凌晨五時，蘇聯砲兵的序曲開始沿德軍陣線奏響。三個小時後，蘇聯砲火繼續砲轟德軍後方，好讓第一波地面攻擊得以開始。剛過中午不久，德軍陣線已被攻入足夠的深度，於是范屠亭下令四個戰車旅出擊以擴大戰果，他們果然不負所望，突入德軍防線二十五公里（二十一英里）。第一天結束時，俄軍在德國第4軍團和肯夫兵團之間鑽入一個寬達十公里（七英里）的楔頭。

但是，大草原方面軍的進攻卻成效甚微。柯涅夫要求並獲得了增援——第5近衛機械化軍——以加大進攻的力度。然而，曼斯坦的反應並不遲緩。「帝國」和「骷髏」黨衛裝甲師立即從米亞斯河急速趕回，與受損嚴重的第3裝甲師一起劃歸至第3裝甲軍指揮。這支部隊的任務是阻止卡爾可夫西北方的蘇聯裝甲兵力。肯夫兵團也得到了第5黨衛裝甲擲彈兵師「維京」的增援。

如果說庫斯克之戰已讓德國陸

↑通敵者？法西斯主義支持者？這些人全都是平民，據說他們曾協助過德軍，隨即就被處決。隨著紅軍的推進，淪陷區一部分人終於有機會向曾經為納粹當局工作過的人實施報復。

↓一隊掃雷小組小心翼翼地在碎石中前行。左邊人員握的是一種「刺針式」（prodder）地雷探測裝置，紅軍工兵希望以此來探勘非金屬外殼的地雷。德軍擅長在雜亂物品中設置陷阱和埋放地雷，使得這些工兵的傷亡率非常之高。

↑在烏克蘭，真正有用的自然防線只有河流。圖中的偵察兵躲在一個隱蔽良好的位置觀察著對岸的動靜。這條河流西岸明顯高於東岸，使德國守軍具有相當的優勢。但是，蘇聯追擊的速度之快令德軍始終沒有時間挖掘半地下工事。

軍筋疲力盡的話，那麼蘇聯紅軍同樣元氣大傷。因此，當蘇聯戰車向前推進時，他們的步兵卻在後面步履維艱，與半地下工事裡的德軍苦戰。逐漸地，步兵和戰車之間的空隙拉得越來越大，越來越危險。貝爾哥羅於八月五日解放，同一時間，奧勒爾也被奪回。史達林命令莫斯科的守軍鳴槍致敬，以慶祝紅軍取得這些勝利。這種做法後來屢屢使用，一直保持到戰爭結束。

八月六日，第6近衛軍團在西面突破德軍防線，朱可夫的計劃在更廣闊的地域產生了連鎖反應。八月七日，波格杜可夫（Bogodukov）、格拉夫約隆（Grayvoron）相繼被俄軍佔領。這些突破使得德軍第19裝甲師和第57、第255和第332步兵師的剩餘部隊面臨險境，即將被敵軍包圍。指揮第19裝甲師的蓋斯特夫·施米特（Gustav Schmidt）中將，意識到第4裝甲軍團和肯夫兵團之間缺口已達五十公里（三十五英里），但卻不清楚俄軍突入的深度。施米特

要部隊趕緊脫離原地，到格拉夫約隆和阿克提卡（Akhtyrka）之間重整，形成了一支長達幾公里的縱隊。德國空軍在這支縱隊上空伴裝進行空襲，令任何觀察者都以爲那是一支蘇聯戰車部隊。

這個詭計在一段時間內得以奏效，但最終托菲門柯，第27軍團（位於格拉夫約隆）的指揮官，意識到這一帶根本沒有蘇聯部隊。他立即在這支縱隊必經的某處森林中安排了一次伏擊。弗洛奈士方面軍砲兵司令官瓦倫佐夫（Varentsov），親自指揮第27軍團的砲兵，在對地攻擊機的協助下，對施米特的部隊發動砲擊。

至下午中段時間，在蘇聯砲火的轟擊下，德軍卡車、戰車和火砲在路上亂成一團。紅軍士兵從排邊的森林蜂擁而出，將他們的俘虜集中到一起。施米特被視爲已當場陣亡。只有少數倖存者得以逃脫，與「大德意志」師的部隊會合。後者剛剛在奧勒爾突出部份演完「救火隊」的角色返回。

八月八日，德國陸軍參謀長柴茲勒（Zeitzler）上將前來視察曼斯坦的部隊。對於曼斯坦來說，如今擺在他面前只有一個議題，就是如何避免南方集團軍被敵軍殲滅。曼斯坦認爲，佔有土地已不是當務之急，德軍必須大幅縮短戰線以保留對於第聶伯河南方的控制權。柴茲勒將這個觀點回報給希特勒。

希特勒的回覆是，抽出南方的第3裝甲師，因爲俄軍在那裡的攻勢已於八月三日停止。第3裝甲師

↑圖中，一輛根據「租借協議」得來的英製「華倫泰」戰車，正護送運兵卡車前往渡河點。1943年9月的最後幾天，紅軍最終再一次站上了第聶伯河東岸的土地上。德國陸軍希望藉由防禦這條大河以贏得時間來進行休整和重建，但蘇聯紅軍可沒打算讓德軍有喘息的機會。

加入第8軍團，也就是原本的肯夫兵團。卡爾可夫的東部郊區已被蘇聯第7近衛軍團的戰車突破，此事令曼斯坦大為震怒，甚至想用每十人處決一人的古羅馬懲罰方式來處置防線失守的第282步兵師。第6裝甲師穩住了情勢。但是，八月十八日，蘇聯第57步兵師在蘇聯的砲火支援下，再一次取得了類似的突破。

　　八月十二日至十三日，趕到的「骷髏」師部隊帶有足夠的兵力來攔阻卡圖可夫的第1戰車軍團。此時卡圖可夫的部隊已經過於分散，在隨後的戰鬥中，第1戰車軍團損失了一百輛戰車。儘管黨衛軍的戰車在庫斯克和米亞斯河遭受相當的損失，但「希特勒近衛」師在離開

↓他們並不是安德魯絲三姐妹（Andrews Systers，譯註：美國20世紀30-40年代知名的合唱小組）！這些近衛戰車兵剛剛接受了英勇勳章。他們之所以看來卷髮，是因為他們將戰車帽內的羊毛襯墊拉了出來。

→在通往貝爾哥羅路上新近解放的村莊，從這些蘇聯兒童臉上的燦爛笑容不難看出他們的心情。為時兩年的軸心國佔領時期已經結束了。

東線戰場前往義大利時，已將裝甲車輛全數交給了「帝國」師。德軍力量的增加，使連接卡爾可夫的公路和鐵路依舊暢通，曼斯坦希望使用這些通道撤出卡爾可夫。然而，希特勒卻不會同意撤離，正如他所說的：

「這座城市的淪陷將會產生嚴重的政治影響……土耳其人的態度取決於這座城市，保加利亞人也一樣。如果我們放棄卡爾可夫，我們將在安卡拉（Ankara）和索菲亞（Sofia）面前丟盡顏面。」

曼斯坦並不準備這樣做，他表示：

「……為了不確定的政治原因而犧牲六個師……我會放棄一個城市，卻絕對不會放棄一支軍隊。」

八月二十二日，曼斯坦不顧希特勒的反對，下令部隊撤出卡爾可夫並毀壞整個城市。為了盡可能多包圍一些德軍，並且減少敵軍對卡爾可夫的破壞，柯涅夫命令俄軍發動一次夜間攻擊，但仍舊為時已晚。俄軍解放的是只剩下廢墟瓦礫的卡爾可夫，並且只抓到一小撮被砲彈炸得魂不守舍的俘虜。但是，不管卡爾可夫對於史達林和希特勒有何象徵意義，對於曼斯坦來說它的局勢是鐵一般的現實。如今在第聶伯河及基輔（Kiev）之前已經沒有任何堅固得能夠進行防禦的軍事據點。此刻，南方集團軍已經沒有

→整個秋天，蘇聯部隊都在努力攻進烏克蘭。但是，在被解放的地區中，並不是每個人都歡迎俄軍回來。烏克蘭反共部隊不斷進行游擊行動，在二戰結束後仍持續將近十年。

退路：他們要嘛誓死堅守腳下的陣
地；不然就是盡可能退得遠遠的，
然後期盼納粹宣傳部長約瑟夫·
戈培爾（Josef Goebbel）所吹噓的
「東牆」（Eastern Rampart）不是
宣傳魔棒所變出來的幻影。

　　「東牆」是一條防線的名稱，
它從黑海的梅利托普（Melitopol）
一直延伸到戈梅利，往北約八百公
里（六百英里），理論上它堅不可
摧。這道防線大部分是沿著水道構
成，主要是第聶伯河。德國的宣傳
單上這樣描述它：

　　「德國已為整條第聶伯河西
岸澆上水泥、包上鎧甲。我們在
那裡建造了一道『東牆』，它和
大西洋沿岸的『西牆』（Western
Rampart）一樣固若金湯。你們
（紅軍）是來送死的，死神在第聶
伯河上等著你們。趁為時未晚，趕
快回頭吧！。」

　　東牆從黑海至第聶伯河這
一段被稱之為沃坦防線（Wotan
Line），保護著進入克里米亞的入
口。然而，儘管建築工程已經開始
實施，但這構想在軍事工程學上純
粹是個幻夢，卻成為瀕臨絕望的德
軍在接下來幾個星期裡自以為能抓
住的一根救命稻草。

　　在卡爾可夫重新回到蘇聯手中
之後，俄軍再次沿米亞斯河發動
進攻，這回德軍已抵擋不住。在
北部，面對斯摩稜斯克的中央集
團軍正面，西部方面軍和加里寧
（Kalinin Front）方面軍於八月七
日發動了攻勢——「蘇沃洛夫作
戰」（Operation Suvorov），對日

←羅柯索夫斯基在沙皇
統治時期是一名騎兵軍
官。在十月革命後的幾
年裡，他被擢升為騎兵
師師長。1937年，他
在史達林的一次紅軍整
肅中被捕。1941年，
他從集中營（Gulag）
獲釋，並受任指揮一支
機械化軍。1941年至
1942年間他所展現出
的領導才能使他引起史
達林和朱可夫的注意。
他在史達林格勒保衛戰
及庫斯克之戰中的表現
更是令世人矚目。戰
後，他被任命為1949
年至1956年的波蘭國
防部長。

←朱可夫曾在沙皇的騎
兵隊中服役。身為堅定
的共產主義支持者，
他在幾次軍隊整肅中
都全身而退，官階穩
步上升。1939年的日
俄衝突中他決定性地擊
敗日本，因此確立了他
的軍事威望。1941年
他負責組織列寧格勒保
衛戰，並領導了莫斯科
反擊戰。儘管朱可夫於
1942年發動的攻勢沒有
成功，但史達林格勒保
衛戰的勝利重塑了他的
威望，而紅軍在庫斯克
之役中取得的成就使他
具有幾乎不可動搖的影
響力。儘管他被認為是
二戰中最成功的領袖之
一，仍舊遭到史達林的
排擠，後者無法容忍他
的名氣和聲望。

漸不支的德軍進一步施加壓力。

　　八月二十七日，希特勒來到烏
克蘭的文尼察，在那裡聽取了曼斯
坦的簡報，並同意將中央集團軍的
部隊調派至南方集團軍。然而，中
央集團軍的嚴峻形勢使曼斯坦無法
如願。八月二十七日至二十八日的
那個夜晚，蘇聯的兩個軍突破了第
6軍團的防守，並往南朝黑海沿岸

↑ 在這幅有如出自托爾斯泰（Tolstoy）的《戰爭與和平》（*War and Peace*）中的景象裡，揮舞著馬刀的哥薩克人（Cossack）穿過雪原殺向匆忙撤退的軸心國部隊。若是地形及時機得宜，騎兵往往具有奇襲效果，尤其是對於開闊地形中饑寒交迫的敵軍失散部隊。

↓ 在森林的深處，兩名爆破專家正在安裝炸藥破壞德軍的通訊。1943年年底的幾個月裡，游擊隊出沒範圍更廣，更有組織性並且危害更嚴重。軸心國被迫部署越來越多的部隊來鎮壓這些行動。

的馬里烏波爾（Mariupol）挺進。

　　九月三日為戰爭爆發三週年日，也是英美聯軍登陸義大利的日期。同一天，曼斯坦和克魯格與希特勒在東普魯士會面。這次會議並沒有解決很多問題：克魯格被准許將中央集團軍的部分兵力撤離德斯納河；曼斯坦被准許撤離庫班橋頭堡——德軍在高加索（Caucasus）的立足點，也就是說德軍放棄了米亞斯河一線。

　　三天後，蘇聯第3近衛軍團在德軍第1裝甲軍團和第6軍團之間撕開了一個三十六公里（三十一英里）的大洞，中部方面軍因此能突入德軍南方集團軍和中央集團軍的交接處。此時，也就是九月七日，曼斯坦要求「更多的部隊，或者可以自由地後撤至更短並且更有利防禦的地區。」

　　第二天，希特勒來到扎波羅結，曼斯坦在第聶伯河岸的總部。曼斯坦向元首建議讓中央集團軍撤退並越過第聶伯河，以騰出更多的部隊來防禦沃坦防線。希特勒拒絕了這個提議，但他還是同意從中央集團軍調遣部隊來支援南方集團軍。克魯格對此立即予以拒絕。曼斯坦和克魯格向希特勒的報告呈現越來越悲觀的趨勢。最終，九月十五日，希特勒作出讓步，允許曼斯坦和克魯格撤退至德斯納河及第聶伯河的另一岸。只剩下第6軍團留在這兩條河的東岸，負責防禦沃坦防線。

　　一旦等到了撤退命令，德軍便賽跑式地向兩條河的西岸撤離，步行、乘坐卡車，不管用什麼方法。未撤退的孤立德軍就像海灘邊的沙堡一樣被蘇聯的裝甲浪潮衝垮。

　　首先抵達第聶伯河東岸的榮譽應該屬於范屠亭的第51近衛戰車旅，他們於九月二十一日晚間抵達。四名近衛士兵划槳過了河，並建立了一個小立足點，三天之後，這個小立足點便擴大成為三十一平方公里（十二平方英里）的橋頭堡。羅柯索夫斯基的第13軍團於九月二十二日抵達該河位於基輔北部的地區。在接下來幾個星期裡，紅軍一直忙於掃蕩包圍在第聶伯河以東的德軍最後殘餘抵抗，並重新部署如今即將耗盡的戰車部隊。第聶伯河東岸的陣地已經建立完成，並且更多橋頭堡在西岸建立起來。十月底，蘇聯部隊渡過希費（Shivash）河，將克萊斯特元帥位於克里米亞的集團軍與南方集團軍切斷。

戰利品——基輔

　　紅軍下一個輝煌的戰利品是烏克蘭首府基輔。自俄羅斯歷史於十一世紀開始，基輔便是斯拉夫文化的中心，因此史達林下定決心於十一月七日布爾什維克革命（Bolshevik Revolution）二十六週年之前令它重回蘇聯統治。

　　基輔於十一月六日清晨落入蘇聯手中。范屠亭的士兵駕駛著T-34戰車小心翼翼地進入該城。此時距德軍發動「衛城作戰」之時

↑在光復後的蘇聯城鎮中隨處可見遺棄的德軍車輛。紅軍推進速度如此之快，有時令德軍別無選擇，只能放棄這些本來可以撤離的車輛。圖中的三號突擊砲安裝了寬大的「東線履帶」（Ostketten），在泥土或雪地中可以將重量更平均地分散。

剛好是四個月零一天。在這段時間裡，紅軍不僅在他們自己所選擇的地方擋住德軍的血腥進攻，徹底瓦解了德軍不可戰勝的神話，並且將大片領土從納粹掌控中解放出來。德軍最後的評論來自於當時擔任裝甲兵總監的古德林：

「『衛城』令我們遭受了決定性的失敗。我軍費盡心改良並重新裝備的裝甲武力在人員和車輛方面都受損嚴重，長時間內將一蹶不振。它們能否及時恢復並保護東線戰場是一個疑問；關於能否使用它們來防禦西線戰場──防止盟軍可能將於來年春天發動的登陸，更加值得懷疑。可以肯定，蘇聯必將設法盡可能地擴大勝利成果。從此東線戰場將永無寧日，從現在起敵軍毫無疑問已掌控了主動權。

史達林在一九四三年十一月七日布爾什維克革命二十六週年慶典上的評論同樣合適：

「如果說史達林保衛戰預示了德國法西斯軍隊的末日，那麼庫斯克之戰就真的讓他們嘗到了災難降臨的滋味。」

通往柏林及最終勝利的道路曲折漫長，蘇聯紅軍在這條路上所邁出的頭幾步付出了驚人的傷亡代價。用邱吉爾（Winston Churchill）的話說，庫斯克會戰標誌著：「開始的結束。」

←約瑟夫·史達林，這張肖像照攝於1946年。他是蘇聯整個二戰時期無可爭議的領導人。與希特勒不同的是，史達林沒上過前線，不會有個人的軍事經驗來影響戰略思維，更重要的是，他更相信手下的指揮官，賦予他們在軍事行動中較大的指揮空間，尤其是在庫斯克會戰中紅軍取得決定性勝利之後。

軍事連線 10

庫斯克：史上最大的戰車戰

作　　者：尼克·康尼士 (Nik Cornish)
譯　　者：夏鈞波
審　　校：史坦因
責任編輯：苗　龍
發 行 人：謝俊龍
出　　版：風格司藝術創作坊
發　　行：軍事連線雜誌
　　　　　Tel：（02）2363-7938　Fax：（02）2367-5949
　　　　　http://www.clio.com.tw
讀者服務信箱：mlmonline@clio.com.tw
讀者服務Skype：mlmonline
msn：mlmonline@clio.com.tw
總 經 銷：紅螞蟻圖書有限公司
　　　　　Tel：（02）2795-3656　Fax：（02）2795-4100
　　　　　地址：台北市內湖區舊宗路二段121巷28.32號4樓
　　　　　http://www.e-redant.com
　　　　　E-mail:red0511@ms51.hinet.net
製　　版：漢藝有限公司　Tel：(02)2247-7654
出版日期：2009年12月　第一版第一刷
訂　　價：420元
※本書如有缺頁、製幀錯誤，請寄回更換※

Images of Kursk : History's Greatest Tank Battle, July 1943
Copyright © 2002 The Brown Reference Group plc.
Complex Chinese translation copyright © 2009 Knowledge House
Press All Rights Reserved
ISBN 978-986-84713-8-2　　　　　　　　　Printed in Taiwan

國家圖書館出版品預行編目資料

庫斯克：史上最大的戰車戰／尼克‧康尼士(Nik Cornish)著,
夏鈞波譯. -- 第一版. -- 臺北縣中和市：風格司藝術創作坊,
2009〔民98〕
　面：　公分. --（軍事連線 ; 10）
　譯自：Images of Kursk : History's Greatest Tank Battle, July
　　　　1943
　ISBN　978-986-84713-8-2（平裝）
　1.第二次世界大戰　2.戰車　3.俄國
　712.843　　　　　　　　　　　　　　　　　98011330

U0069305